1923
경성을
뒤흔든
사람들

1923 경성을 뒤흔든 사람들(개정판)

의열단, 경성의 심장을 쏘다!

초판 1쇄 발행 2010년 8월 5일 ＼**초판 2쇄 발행** 2011년 1월 5일
개정판 1쇄 발행 2015년 11월 1일 ＼**개정판 3쇄 발행** 2016년 9월 10일
지은이 김동진 ＼**펴낸이** 이영선 ＼**편집 이사** 강영선 ＼**주간** 김선정
편집장 김문정 ＼**편집** 임경훈 김종훈 하선정 유선 ＼**디자인** 김회량 정경아
마케팅 김일신 이호석 김연수 ＼**관리** 박정래 손미경 김동욱

펴낸곳 서해문집 ＼**출판등록** 1989년 3월 16일(제406-2005-000047호)
주소 경기도 파주시 광인사길 217(파주출판도시) ＼**전화** (031)955-7470 ＼**팩스** (031)955-7469
홈페이지 www.booksea.co.kr ＼**이메일** shmj21@hanmail.net

김동진 © 2010
ISBN 978-89-7483-437-1 03900
값 11,900원

이 도서의 국립중앙도서관 출판시도서목록(CIP)은 e-CIP 홈페이지(http://www.nl.go.kr/ecip)에서
이용하실 수 있습니다.(CIP제어번호: CIP2010002602)

그림을 싣도록 허락해주신 이구열 선생님(미술평론가)께 감사드립니다.
일부 저작권자를 찾지 못한 저작물에 대해서는 저작권자가 확인되는 대로 적합한 절차를 거치도록 하겠습니다.

1923 경성을 뒤흔든 사람들

의열단, 경성의 심장을 쏘다!

김동진 지음

서해문집

역사는 공동체의 의식적인 집단 기억이다. 긴 세월을 거치면서 우리 공동체가 겪은 일들은 이 의식적인 집단 기억에 주목한 누군가의 기록을 통해 역사가 된다. 그런데 모든 기억이 역사로 남는 것은 아니다. 어떤 기억은 거대한 힘에 의해 끊임없이 되살려지고, 어떤 기억은 무관심 속에 잊히고, 또 어떤 기억은 잊힐 것을 강요받는다.

의열단 이야기는 무관심 속에 잊힌, 때로는 잊힐 것을 강요받았던 기억이다. 2006년 처음 김상옥 의사의 드라마틱한 삶을 접했을 때 그의 존재는 일제강점기에 발행된 옛 신문·잡지와 재판 판결문, 그리고 역사학자의 논문 속에 단편적으로 흩어져 있었을 뿐이었다. 이 조각들을 모아 한 편의 생명력 있는 스토리로 만들지 않으면 언제 우리의 기억에서 사라질지 모를 위태로운 상황이었다.

'이렇게 방치해서는 안된다. 김상옥과 황옥, 김시현, 김원봉, 이태준, 마자르 등의 치열한 삶에 대해 흩어진 팩트를 모아 살아 숨쉬는 스토리로 되살려보자.' 이런 일념으로 2008년 개인 블로그에 연재를 시작했고, 2010년 단행본을 출간할 수 있었다.

다행히 책이 나온 후 여러 면에서 긍정적인 변화가 일어났다. 의열단원의 후손과 영화감독, 역사학도, 시골농부 등 다양한 독자가 뜨거운 지지와 공감을 보내왔다. 이 책에서 모티브를 얻은 의열단 소재의 연극과 소설, 영화도 차례로 세상에 나왔다. 그 덕분에 예전보다 의열단을 훨씬 친숙하게 느끼고 추모할 수 있게 됐다.

그러나 의열단의 완전한 복권까지는 아직도 갈 길이 멀다. 최근 우리 사회에서 벌어지고 있는 역사교과서 개편 논란을 보면 더 더욱 마음을 놓을 수 없다. 상하이임시정부의 정통성을 부정하고 의열단원을 테러리스트라고 비하하는 뉴라이트 세력이 대한민국의 역사 서술을 독점할지 모른다는 불안감을 감추기 어렵다.

이런 의미에서 막중한 책임감을 느끼며 5년만에 개정판을 내놓는다. 많은 독자들이 의열단에 대해 좀 더 편하게 읽고 깊게 음미하고 오래 기억할 수 있게 편집과 내용을 보완했다. 잊히기를 강요받더라도 잊어서는 안되는 기억이 있다는 것을 다시 한번 독자들과 확인하고 싶다.

2015년 10월 13일 신문로에서

2006년 여름, 〈세계일보〉 사회부 캡(경찰팀장)으로 근무하던 저는 아주 특별한 기사를 연재하게 되었습니다. 그 기사는 8·15기획특집으로, 후배 조민중·장원주 기자와 함께 서울 시내 항일독립운동 유적지의 보존과 관리 실태를 탐사보도한 것이었습니다. 기획 의도는 중학교 국사교과서에 나오는 항일독립운동 사건 가운데 서울 사대문 안에서 발생한 사건만 따로 추려 내 현재 이 사건의 공간적 배경이던 유적지들이 어떤 상태로 보존돼 있을까를 추적 보도하는 데 있었습니다.

취재 결과 많은 항일독립운동 유적지가 정부 지자체의 관리 소홀과 일반 시민의 무관심 속에 쓸쓸히 방치되고 있었습니다. 이미 사라져 흔적을 찾을 수 없는 곳도 많았고, 간혹 서 있는 기념 표석은 생활쓰레기더미에 파묻혀 있거나 걸어 다니는 데 불편을 주는 '돌덩어리'로 취급되기 일쑤였습니다. 도시 개발이라는 이름하에 언제 사라질지 모르는 유적지도 적지 않았습니다.

우리 정부가 역사적으로 중요한 유적지들을 그처럼 허술하게 관리하고 있다는 사실에 놀랐습니다. 저희를 더욱 안타깝게 한 것은 그런 관리 부재 속에서 그 공간과 연관된 역사적 사건 자체와 항일 독립투사의 행적이 우리 후손의 뇌리에서 잊히고 있다는 사실이었습니다.

저희는 이런 안타까운 현실을 8·15 광복절을 전후해 〈세계일보〉 지면을 통해 5회에 걸쳐 소개했습니다. 그러나 지면 제한이 있기에 취재를 통해 듣고 보게 된 많은 내용 가운데 독자에게는 극히 일부분만 전달할 수 있었습니다.

그 가운데서도 1923년 '경성을 뒤흔든 사나이' 김상옥, 황옥 등의 이야기는 그냥 묻어버리기가 너무 아까웠습니다. 김상옥 의사는 중고등학교 국사 교과서에 '종로서 폭탄투척 사건을 주도한 항일독립운동가' 정도로 짧게 소개돼 있습니다. 황옥은 아예 이름조차 찾아보기 힘듭니다.

두 사람의 일생과 항일투쟁은 한편의 대하드라마나 영화를 보는 것 같은 착각이 들 정도로 흥미롭고 감동적입니다. 제법 정규 교육을 받았고, 늘 다양한 분야를 취재하고 있기에 남보다 많은 것을 알고 있다고 은연중에 '착각하며' 살고 있는 저희 기자들도 일제강점기에 그런 인물이 있었고 그런 사건이 서울 한복판에서 벌어졌다는 사실에 적잖게 놀랐습니다. 기자로서 지금까지 이런 사실에 무지했다는 것이 '직무 유기'로도 느껴졌습니다.

'취재 현장에서 기자로서 느낀 이 감동을 가능한 많은 사람에게 전달해야겠다!' 놀라움과 죄책감은 자연스럽게 새로운 꿈과 소명으로 이어졌습니다. 시간이 얼마가 걸리더라도 꼭 김상옥과 황옥 그리고 그들이 치열하게 살다간 시대를 소개하는 글을 써서 여러 사람들과 공유하고 싶다는 강한 열망을 품게 되었습니다.

8·15 기획시리즈가 끝난 후 드디어 본격적인 작업에 들어갔습니다. 틈만 나면 김상옥, 황옥, 의열단 등과 관련된 역사자료를 수집했습니다. 독립기념관, 국사편찬위원회, 국회도서관 등을 찾아 과거 문헌기록, 특히 1923년 전후 신문보도, 각종 논문 들을 일일이 검색하고 모았습니다. 뼈대만 앙상하던 김상옥의 삶에 살을 붙일 수 있는 많은 정보를 얻었습니다. 특히 그간 우리에게 알려진 내용과는 다른 사실도 많이 있었습니다. 학계의 논란을 불러일으킬 수 있는 내용도 적지 않았습니다.

그러는 동안 3년이 지났고, 근무 부서도 특별기획취재팀과 정치부, 국제부 도쿄특파원으로 세 번이나 바뀌었습니다. 기자가 대개 그렇듯이 늘 바쁜 생활이 끝없이 이어졌습니다. 그런 가운데 장문의 글을 쓴다는 일은 여간 힘들지 않았습니다. 그러나 등장인물의 삶과 인간적 매력에 사로잡혀 있었기에 펜을 놓을 수 없었습니다. 조국을 위해 불꽃같은 삶을 살다간 열사들의 삶을 가능한 생생하게 되살리고 싶다는 열망에 조금도 힘들지 않은 작업이었습니다.

올해 우리는 한일 강제병합 100년을 맞았습니다. 저는 역사가 궁극적으로 '기억하는 자의 것'이라고 생각합니다. 아무리 찬란한 역사적 사건도 후손이 망각하면 사라지지만 아무리 쓰라린 경험이라도 후손이 잊지 않고 되새기면 새로운 도약의 발판이 될 수 있습니다. 우리가 의열단의 처절한 투쟁사를 기억한다면 결코 100년 전의 쓰라린 과오를 되풀이하지 않을 것입니다. 그런 의미에서 앞으로 새로운 대한민국을 이끌어갈 독자 여러분이 이 글을 통해 1923년 경성에서 벌어진 의열단의 투쟁을 영원히 잊지 않으시길 바랍니다.

2008년 6월 블로그에 논픽션 극장 '1923 경성을 뒤흔든 사람들'로 연재를 시작해 3년 만에 단행본으로 묶습니다. 오랜 작업 끝에 출간하게 돼 더없이 기쁘지만 여기에 등장하는 주요 인물들의 광복 후 삶을 생각하면 마음이 편치만은 않습니다. 이 글을 쓰게 되는 데 도움을 줬던 많은 분들께 감사드립니다.

2010년 7월 도쿄에서

차례

누가 종로서에
폭탄을
던졌나

겨울바람이 제법 매섭게 불던 1923년 1월 12일 금요일 저녁 7시 반. 경성 종로의 천도교당(지금의 수운회관)에는 진보적 성향의 사회단체인 서울청년회가 주최하는 대중연설회가 열리고 있었다. 빈곤타파와 자유연애, 사상자유 등 매우 민감한 주제를 다룬다는 소문 때문인지 초저녁부터 500여 명이 넘는 청중이 좌석을 가득 메웠다.

조선총독부는 1919년 3·1만세운동 이전까지만 해도 사회단체의 강연회나 집회를 철저하게 금지했다. 하지만 만세운동의 물결이 한반도 전역을 휩쓴 뒤 일제는 소위 '문화통치'라는 미명하에 부분적으로나마 집회와 토론회 등을 허용하지 않을 수 없었다. 외형적으로는 조선인의 정치적 자유를 대폭 허용한 듯 보였다. 그러나 실제로는 매우 기만적인 방식으로 사상을 통제하고 있었다.

조선인이 주최하는 집회나 강연회마다 언제나 고등계 형사들이 가장 앞자리에 앉아 있었다. 이들은 연사나 청중의 일거수일투족을 감시하다가 조선독립이나 항일투쟁, 사회주의 정신을 표방하면 그 즉시 단상 위로 뛰어올라와 집회를 중단시키고 발언자를 체포했다. 이 때문에 정치적 주제를 다룬 조선인의 공개 자유토론이나 강연은 사실상 불가능했다.

이날 밤 연설회도 예외는 아니었다. 서울청년회는 진보적인 단체여서 언제 아슬아슬한 발언들을 쏟아낼지 몰랐다. 관할 종로서 고등계 형사들은 청중 속에서 연사들의 발언과 행동을 예의주시했다.

그러다가 첫 연사로 나선 장채극張彩極이 '무산자의 절규'라는 주제로 열정적인 연설을 이어갔다. 그가 사유재산제도의 폐해를 막 지적하려는 순간 형사들이 연단 위로 뛰어올라 제지했다. 노골적인 사회주의 선동은 좌시할 수 없다는 것이다. 청중들이 불만으로 술렁이기 시작하자 잠시 장내 소란이 일었다. 하지만 강연장 뒤편에 배치된 정복순사 일고여덟 명의 서슬 퍼런 태도에 눌려 큰 소동으로 번지지는 못했다.

다음 순서는 신여성 권애라權愛羅가 '연애는 자유'라는 주제로 연설하기로 돼 있었다. 하지만 연단에 올랐다가 다시 내려오기를 네 번이나 반복했다. 자유연애나 남녀평등 문제는 유교적 윤리가 지배적인 조선 사회에서 여전히 뜨거운 논란거리였다. 자유연애를 주장하는 여성 청중들은 권애라가 연단에 오르자 열렬히 박수로 환영했다. 대부분 서구학문과 신문물을 공부한 여학생이었다. 이들은 조선사회에서 여성이 당하고 있는 억압과 차별을 이런 공간에서라도 속 시원하게 털어놓고 싶은 생각이 강했다.

그러나 남성 청중들은 대부분 권애라의 평소 자유연애 행각을 지적하며 '부정한 여자'라고 거세게 비난했다. 유교적 윤리에서 보면 한 여자가 이 남자 저 남자를 바꿔가며 사귀는 연애 형태는 부도덕한 것이었다. 처음에는 양측 청중 간에 고성과 삿대질이 오가더니 급기야 몸싸움까지 벌어졌다. 이 바람에 강연회는 순식간에 난장판이 되었다. 이런 남녀문제는 고등계 형사들도 어쩔 수 없는 모양이었다. 소동이 계속 이어지자 주최 측은 서둘러 산회를 선언하려고 했다.

그때였다. '콰광!'

천도교당에서 그렇게 멀지 않은 종로 사거리 YMCA 회관 부근에서 큰 폭발음이 들렸다. 조용한 경성 시내에서 무슨 큰일이 벌어진 게 틀림없었다. 연설회는 그것으로 끝났고 청중들은 서둘러 천도교당을 빠져나와 종로 사거리로 향했다.

폭발의 진원지는 일제 강압통치의 상징 중 하나인 종로경찰서였다. 종로서 서쪽 창으로 난데없이 사제폭탄 하나가 날아든 것은 그날 밤 8시 10분경이었다. 누군가 종로서를 향해 던진 폭탄이 창

틀에 부딪힌 후 교통과 바로 앞마당에 떨어져 폭발했다. 파편이 이리저리 튀면서 건물 유리창이 산산조각나고 경찰서 게시판과 벽 일부가 무너졌다.

그때까지 태평스럽게 야간 당직 중이던 순사들은 갑작스런 폭발음에 놀라서 건물 밖으로 뛰쳐나왔다. 별안간 굉음과 폭발로 건물이 진동한 것이 대체 무슨 영문인지 몰라 잠시 허둥지둥하던 순사들은 곧 경찰서가 폭탄 피습을 당한 것을 파악하고는 요란하게 비상 호각을 불었다. 순사들은 부상자들을 서둘러 옮기고 폭파 현장 주변을 통제했다. 혹시 있을지 모를 제2의 공격에 대비해서 경계근무를 강화하는 한편 주변에 있던 조선인 행인에 대한 검문검색을 시작했다.

이날 폭발 소리가 어찌나 컸는지 종로통 전체에서 그 소리를 들을 수 있었다. 때마침 하루 일과를 마치고 귀갓길을 서두르던 행인들이 그 폭발 소리에 놀라 종로서 앞으로 모여들었다. 경성에서 가장 번화한 거리 중 하나인 종로 일대가 삽시간에 구경꾼 인파로 가득했다. 구경꾼들은 '의열단 소행'이니 '마적 소행'이니 하면서 삼삼오오 수군거렸다. 순사들이 이들을 통제하느라 진땀을 빼고 있는 사이 폭탄을 투척한 범인은 유유히 종로통을 빠져나갔다.

이날 폭발로 다친 사람은 모두 민간인이었다. 총독부 기관지인 〈매일신보〉 사원 다섯 명이 다리, 등에 상처를 입고 병원에 실려 갔다. 또 기생 한 명과 하인 신분의 소년 한 명이 경미한 부상을 입고 간단한 치료 후 귀가했다.

〈동아일보〉와 〈조선일보〉 기자들이 뒤늦게 사건 소식을 듣고 종로서로 뛰어왔다. 기자들이 종로서 간부들에게 달라붙어 이번 사건의 경위를 꼬치꼬치 캐물었다. 종로서 주변 상가 점원과 행인들을 상대로 목격담을 탐문 취재했다. 하지만 경찰도 인근 주민도 누가 폭탄을 던졌는지 몰랐다. 범인의 종적이나 범행 동기 등은 오리무중에 빠졌다. 기자들은 사건 발생 사실과 피해 규모만 겨우 알 수 있었다.

신문은 이런 폭탄투척 사실조차 14일까지 보도할 수 없었다. 총독부 경무국이 신문 게재를 금지한 것이다. 〈동아일보〉는 종로서 폭탄투척 사건을 발생 이틀 후인 14일 자 신문에서야 이렇게 전할 수 있었다.

"폭발탄은 교통실 남편 창에 마저 폭발이 되었는데 유리창 세 개는 산산히 깨여져 땅위에 마음대로 흩어졌으며 그 유리조각은 싸늘한 아침해에 반사가 되야 비참한 광채를 발하고 있으며 폭탄 조각에 맞은 게시판은 마치 벌통같이 숭얼숭얼 구멍이 뚫렸고 또 창 옆에 걸어두었던 순사복 한 벌도 좀이 먹은 듯이 구멍이 많이 뚫리었는데 이 모든 광경은 폭탄이 지나간 위험을 아직까지 말하고 있는 듯하더라."

〈동아일보〉 1923년 1월 14일

西便窓을 破壞한

負傷者는 警察署에

當時

少年軍의 活動

檢事의 現場臨檢

大原檢事

凄慘

一種

폭발 규모에 비하면 큰 인명 피해는 없었다. 하지만 경찰의 반응은 어느 사건보다 엄중했다. 물적·인적 피해도 피해지만 경성 시내 한복판에서 총독부의 대표적 통치기구인 경찰서가 폭탄 공격을 받았다는 사실에 총독부와 경찰당국은 당혹감을 감추지 못했다.

사건 발생 직후 곧바로 경성 시내 전 경찰에게 비상이 걸렸다. 13일 아침부터 거리 곳곳에 순사들이 깔렸고, 삼엄한 검문검색이 실시됐다. 3·1만세운동 이후 이 같은 대대적인 검문검색이 경성 한복판에서 있기는 처음이었다. 순사들은 조금이라도 행색이 의심스런 사람을 가차 없이 경찰서로 연행했다. 물론 모두 조선인이었다. 일제 통치에 불만을 가진 '불령선인不逞鮮人(독립운동가를 일제가 부르는 말)'의 소행이라는 게 경찰의 1차적 판단이었다.

폭탄 피습을 당한 종로서는 조선 민중에겐 남다른 의미가 있다. 3·1만세운동의 민족대표 33인을 비롯해 수많은 항일독립운동 지사와 그 가족들이 이곳에서 모진 고문을 당했다. 한번 종로서에 끌려간 독립투사들은 성한 몸으로 돌아오지 못했다. 몽둥이찜질은 물론이고 물고문, 손톱 뽑기, 전기고문 등 온갖 잔인한 고문 수법이 동원됐다.

독립투사만이 아니라 일반인도 마찬가지였다. 종로서는 일반 조선 민중에게도 폭력을 일삼았다. 폭탄 사건이 일어나기 반년 전인 1922년 7월, 종로 시장에서 발판을 팔던 늙은 조선인 상인이 종로서 순사에게 맞아 죽는 사건이 있었다. 종로서에 근무하는 임수창이라는 조선인 순사가 "물건 값을 깎아 주지 않는다"며 상인을 그 자리에서 개 패듯이 때려죽인 사건이었다. 폭행이 얼마나 심했던지 상인은 창자가 터져 죽었다. 이 사건으로 상인들의 원성이 심해지자 일제는 해당 순사를 처벌했지만, 당시 종로서 순사들이 조선 민중에게 얼마나 안하무인으로 군림했는지를 잘 보여주었다.

사정이 이렇다보니 독립운동과 관련 없는 평범한 조선인도 종로서 앞을 지날 때면 괜히 한 번씩 움찔할 만큼 공포의 대상이었다. 누군가 바로 그런 종로서를 폭파함으로써 일제 식민통치를 당하고 있는 조선 민중의 쌓인 울분을 풀어주려고 한 것이 틀림없었다.

종로서 사건이 조선 민중 사이에서 정치적으로 확대 해석되는 것을 원하지 않던 총독부와 경찰은 사건에 대한 모든 정보를 철저히 차단했다. 〈동아일보〉와 〈조선일보〉도 한동안 경찰의 공식 발표 외에 상세한 사건 내막을 취재하거나 보도하지 못하도록 통제했다.

하지만 일제의 이런 노력에도 종로서 폭탄피습 소식은 경성은 물론이고 조선팔도 전역으로 빠르게 퍼져나갔다. 사람들이 많이 모이는 시장이나 직장, 일터, 초상집, 학교, 기차역 등에선 누가 먼저라고 할 것 없이 이 사건이 화제로 떠올랐고, '통쾌하다', '속이 후련하다', '장하다'는 반응이 쏟아졌다.

총독부는 바로 이런 민심 동요를 가장 두려워했다. 3·1만세운동으로 폭발된 조선 민심을 소위 '문화통치'로 겨우 달래놨다고 판단했는데, 이번 사건이 자칫 꺼져가던 항일투쟁의 불씨를 되살리지 않을까 노심초사할 수밖에 없었다.

사안이 중대하다고 판단한 총독부는 다음날 아침 마루야마 총독부 경무국장(지금의 경찰청장)을 직접 종로서 폭파 현장에 보내서 모리 종로서장으로부터 사건 진상을 자세히 보고받게 했다.

경성과 경기도 전역의 치안을 책임지는 우마노 경기도 경찰부장(지금의 서울경찰청장급)은 사건 발생 소식을 접하자마자 종로서로 직접 달려와서 모든 수사 과정을 진두지휘했다. 우마노 경찰부장은 종로서에 수사본부를 두고, 시내 각 서에 수사 지부를 설치했다. 그리고 경성 시내 4대(종로, 동대문, 서대문, 용산) 경찰서에 병력을 총동원해서라도 범인 검거 작전에 나서라고 독촉했다.

경찰 수뇌부의 개입으로 수사는 긴박하게 돌아갔다. 하지만 경찰 수뇌부는 민심의 동요를 우려한 듯 겉으로는 애써 평온한 척했다. 우마노는 기자들에게 "(이번 종로서 폭발 사건은) 그동안 너무 평온했던 것에 대한 일종의 자극제이며 민심에는 아무 염려 없다"며 사건의 의미를 축소하려 했다.

"나는 관사에 있다가 전화로 처음 사건을 알았다. 비록 종로서에 폭탄을 던졌다고 할지라도 민심은 그리 소동이 되지 아니하리라고 생각합니다. 폭발탄은 벌써 세상에 흔히 있는 일이 되었습니다. 생각하면 민심이 너무 평온하기 때문에 일부로 과격한 독립파 사람들이 어찌할 수가 없어서 최후수단으로 그와 같은 일을 하는 것이외다. 민심 동요라는 곳에는 별로히 근심이 없습니다. 그러나 부상들에 대해서는 매우 미안히 생각하는 바이올시다."

〈동아일보〉 1923년 1월 14일, '우마노, 일종의 자극제라고'

그러나 이런 표면적 입장과 달리 총독부와 경찰 수뇌부의 속은 바짝 타들어가고 있었다. 수사 시작부터 사건이 점점 미궁에 빠질 조짐을 보였기 때문이다. 경성 내 순사들을 총동원해 용의자를 찾고 있지만 별 다른 단서나 제보가 나오지 않았다. 어두운 밤에 너무나 순식간에 발생하는 바람에 목격자도 찾기 어려웠다. 기껏해야 '종로서 서편 동일당東一堂 간판점看板店 모퉁이 길에서 어떤 사람이 폭탄을 던지는 것을 봤다'는 정도의 목격자 진술이 초동 수사로 얻은 성과였다.

당시 폭발로 다리에 부상을 입은 매일신보 사원 홍인순과 그 일행도 큰 도움이 되지 못했다. 홍 씨는 경찰에서 "술을 마시고 우리끼리 이런저런 얘기를 나누며 길을 걷다가 갑자기 쾅하는 소리와 함께 쓰러져 정신을 잃어서 아무것도 보지 못했다"고 진술했다.

초동 수사가 진척 없자 우마노 경찰부장은 독이 잔뜩 오를 대로 올랐다. 우마노는 종로서에서 며칠 밤을 꼬박 새며 수사진을 독려했다. 경성 경찰의 수장首長이 퇴근도 않고 수사의 모든 과정을 일일이 챙기자, 종로서와 수사본부는 물론이고 경성 지역의 모든 경찰이 퇴근도 못하고 범인 색출에만 매달려야 했다.

사건 단서가 많지 않다보니 순사들은 평소 요주의 인물로 찍은 사람들을 무작정 경찰서로 연행해 사건 연루 여부를 취조했다. 이 때문에 각 경찰서 유치장은 영문도 모르고 끌려온 사람들로 붐볐다. 그러다보니 일각에서는 경찰이 종로서 폭탄투척 범인 검거 때문에 다른 범죄 수사는 아예 손을 놓고 있다는 비난까지 터져 나왔다. 그러나 범인 색출에 혈안이 된 총독부와 경찰은 전방위 수사의 고삐를 늦추지 않았다. 그들은 가장 악명 높은 고등계 형사 미와를 선봉에 내세웠다.

먹잇감을 노리는
사냥개 미와

좋은 먹잇감을 사냥하려면 먼저 쓸 만한 사냥개를 준비해야 한다. 이것이 사냥의 철칙이다. 자존심에 상처 입은 우마노 경찰부장은 수사에 탄력을 주기 위해 수사본부 산하에 최정예 수사요원으로 구성된 '특별수사대'를 설치했다. 별동대 형태로 활동할 특별수사대의 대장으로는 당시 조선에서 가장 유능한 고등계 형사로 알려진 종로경찰서 미와 경부보(지금의 경감급)를 임명했다.

조선인은 미와를 한자 발음을 따서 '삼륜三輪'이라고도 불렀다. 원래는 불교에서 세상을 떠받치고 있는 세 바퀴를 일컫는 용어지만, 조선인에게는 그런 의미로 와 닿지 않았다. 그는 조선인에게 공포의 대상이었다. 그가 종로통에라도 나타나면 조선인은 남녀

노소를 불문하고 "삼륜이가 떴다"며 슬금슬금 자리를 피하기 일 쑤었다. 당시 조선 사람에게 그의 이름은 단지 종로서 경찰이 아 니라 서슬 퍼런 일제 철권통치를 상징하는 아이콘이었다.

미와는 독립운동가와 좌익사상범을 색출해내는 데 남다른 감각 을 갖고 있었다. 만해 한용운, 월남 이상재, 도산 안창호, 박헌영 등 1920, 30년대 수많은 항일독립 투사와 사회주의 인사가 그의 손에 붙잡혔다. 그는 단지 붙잡는 데만 재주가 있었던 게 아니라 온갖 고문으로 자백을 받아내고 배후를 실토케 하는 데도 뛰어난 재능을 발휘했다. 많은 독립투사가 그의 손에 몸과 마음이 무너졌 다. 그의 마수에 한번이라도 걸려본 이들이라면 평생 그의 잔인성 과 집요함에 치를 떨며 살아야 했다.

미와라는 이름은 지금 우리에게도 그리 낯설지 않을 것이다. 일 제강점기 조선의 주먹 김두한과의 질긴 '악연'이 영화 〈장군의 아 들〉이나 TV 드라마 〈야인시대〉 등에서 주요 소재로 다뤄지기도 했으니 말이다. 사실 두 사람 간의 악연은 1960년대 말, 옛 〈동아 방송〉의 인기 대담 프로인 '노변야화'에 출연한 김두한이 종로통 주먹대장에서 야당 국회의원으로 성장하기까지 파란만장한 인생 역정을 털어놓은 얘기에 나온다.

김두한은 자신이 백야 김좌진 장군의 아들이라는 이유만으로 어렸을 때부터 미와에게 온갖 횡포와 감시를 당했으며, 응징 차원 에서 광복 직후 남산 인근 자택에 숨어 있던 미와를 끌어내 남산 인근에 생매장했다고 말했다. 하지만 김두한의 이런 주장과 당시 문헌자료를 대조하면 선뜻 납득되지 않는 부분이 있다. 일부 역사학자들이 김두한의 증언에 신빙성이 없다고 판단하는 이유이기도 하다.

우선 두 사람의 이력으로 보면 서로 부딪힐 일이 없었다. 김두한이 한창 주먹생활을 하던 1930년대 후반에 미와는 이미 종로서를 떠나고 없었다. 그는 1930년에 경기도 경찰부, 1934년에 충남 경찰부를 거쳐서 1935년부터는 함경북도에서 경찰서장과 경찰국장 등으로 일하고 있었다. 미와는 그곳에서 경찰생활을 끝낸 뒤 1940년대엔 총독부 보안과 촉탁으로 잠시 일했을 뿐이다.

더구나 미와는 1884년생이다. 김두한과는 무려 서른네 살이나 나이차가 난다. 김두한이 20대일 때 미와는 이미 환갑이 넘은 노인이었다. 일본 기록에는 미와가 해방 후 일본으로 돌아가 1960년대에 사망한 것으로 돼 있다. 이런 정황으로 볼 때 김두한이 자신의 활약을 다소 과장하려다 보니, 종로서 출신이면서 일제강점기를 통틀어 가장 악명 높은 고등계 형사인 미와를 거론한 것 아니냐는 문제 제기도 만만치 않다.

그렇다면 미와는 실제로 어떤 인물이었을까? 조선인이 평가하는 미와와 일제가 평가하는 미와는 전혀 딴판이다. 우선 총독부 인사 기록에 따르면, 미와는 일본 나고야에서 태어나 1905년에 일본군 제13사단기병 제17연대 소속으로 조선 땅을 처음 밟았다.

그리고 3년 후, 일본의 조선 식민지 지배가 본격적으로 틀을 갖추던 때 조선경찰에 투신했다. 미와는 조선어장려시험에서 1등으로 합격할 만큼 조선어가 유창했고, 사상범 사찰 업무에서 두각을 나타냈다고 한다.

또한 미와의 성격이나 인품에 대해선 "온후하고 독실한 사람이며 부하에게 인자한 아버지처럼 존경받음. 고등경찰 방면에 특히 정통해서 경찰 내에서 그의 이름을 모르는 사람이 없음"이라고 기록돼 있다. 적어도 미와는 일제 경찰조직 내부에선 업무뿐만 아니라 인품에서도 매우 높은 평가를 받았던 것 같다.

그러나 조선인 특히 독립운동가의 평가는 다르다. 미와는 피도 눈물도 없는 사냥개다. 매우 집요하고 용의주도하며, 잔인성까지 갖추고 있어서 한 번 찍은 먹잇감은 좀처럼 놓치지 않는 '질긴 놈'이었다.

이런 점에서 미와는 '사냥개'와 '온후한 아버지'의 역할을 모두 수행할 수 있는 매우 복합적 성격을 가졌던 것으로 보인다. 자기 손에 잡힌 독립운동가에게는 상상을 초월할 만큼 잔인하게 굴 수 있지만, 가정과 직장에서는 자상하고 존경받는 아버지와 상사의 역할을 무난히 해냈던 것이다.

미와의 야누스적 성격은 독립운동가를 다루는 방식에서도 어느 정도 엿볼 수 있다. 그는 독립운동가와 그 가족에게는 짐승처럼 잔인하게 굴었지만, 독립운동 명망가에게는 언제든 머리를 조아리며 인간적 친분을 맺으려고 애썼다.

실제로 이런 일화도 있다. 하얀 두루마기를 입은 월남 이상재가 지팡이를 짚고 광화문이나 종로통을 걸어가고 있노라면 어느 틈엔가 한 사내가 그 앞에 다가와서는 "아버지! 아버지! 어디 가십니까?"라며 반갑게 인사하며 머리를 숙였다.

바로 미와였다. 미와는 월남의 인품을 존경한다는 뜻에서 평소 '아버지'라 부르며 깍듯이 대했다. 월남은 지팡이를 내저으며 "이놈아, 사람 좀 작작 잡아가라!"고 호통쳤지만 미와는 굴하지 않고 늘 그런 모습을 보여줬고 심지어 월남이 아플 때는 문병까지 갔다.

또한 만해 한용운이 3·1운동으로 3년 옥고를 치르고 출옥한 뒤, 조선불교청년회 주최 집회에서 연설하게 됐는데 미와가 객석 맨 앞자리에 턱하니 앉아 경청했다. 물론 만해가 위험한 발언을 하지 못하도록 감시하기 위해서였다.

그런데 만해가 2시간 동안 연설하다가 비장한 어조로 "개성 송악산에서 흐르는 물은 만월대의 티끌은 씻어가도 선죽교의 피는 못 씻으며, 진주 남강에 흐르는 물은 촉석루 먼지는 씻어가도 의암에 서려 있는 논개의 이름은 못 씻는다"는 말로 연설을 끝내자 미와는 자기 자리를 박차고 일어나 아주 열렬히 박수쳤다. 만해의 말이 무엇을 의미하는지 모르지 않았을 텐데 미와는 경찰의 본분을 잊고 사상적 감화를 느낀 것처럼 행동했다.

어떻게 보면 미와는 이런 행동 때문에 어딘가 빈틈이 많은 인간다운 사람으로 보일 수도 있다. 그러나 사실은 조선의 주요 사상가들을 감시하고 사찰하는 것이 주업인 고등계 형사로서, 감시 대상에 좀 더 밀착하기 위한 일종의 기만술이라고 할 수 있다. 그는 독립운동가를 심하게 고문하고 탄압하다가도 이런 식으로 인간적 빈틈을 보여주며 접근해서 독립운동계 내부 정보를 속속들이 들여다 볼 수 있었다.

그 덕분에 미와는 많은 독립운동 단체를 와해시키고 주요 인사를 체포할 수 있었다. 능력을 인정받은 그는 통감부 경시청 말단 순사로 출발해 종로경찰서 고등계 주임, 충남경찰부 고등과장을 거쳐 원산경찰서장, 함경북도 경찰국장까지 승승장구했다.

총독부는 특히 영친왕과 이방자 여사가 1927년 유럽 여행을 떠날 때 많은 경찰관 중에 미와를 특별히 경호원 겸 감시자로 따라가게 했다. 혹시 있을지 모르는 영친왕의 망명이나 독립운동 세력과 접촉을 차단하는 데 미와만한 인물이 없다고 판단한 것이다.

아무튼 그런 미와에게 종로서 폭탄피습 사건 해결의 중책이 맡겨졌다. 미와는 취임 즉시 수사 방향을 틀었다. 정보 사찰을 주로 하는 고등계 형사답게 그는 마구잡이식 검문과 연행보다는 경성 시내에 흘러 다니는 아주 미세한 정보 동향이라도 놓치지 않으려고 노력했다. 시내 각 경찰서의 고등계 형사와 조선인 밀정 들에게 불령선인과 그 가족의 최근 동태를 하나도 빼지 않고 보고토록 지시했다.

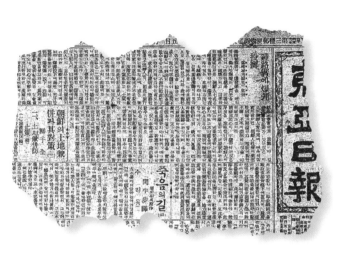

이미 상하이 주재 일본 경찰이 1922년 하반기부터 의열단 등 무장독립운동 세력이 반도에서 모종의 폭탄 거사를 꾸미고 있다는 첩보를 총독부에 수차례 보내온 바 있었다. 그 보고가 맞다면 범인은 조선 내로 폭탄을 들여와 투척하는 데까지 여러 흔적을 남겼을 게 분명했다. 그런 흔적을 파고들면 분명히 대어를 낚을 수 있다고 생각한 그는 경성 시내 형사와 밀정 들에게 조금이라도 수상쩍은 징후가 포착되면 즉각 자신에게 보고토록 독려했다.

얼마 지나지 않아 미와의 책상에는 정보 보고가 여럿 올라왔다. 미와는 그 보고 중 이번 사건과 연관됐을 법한 것이 있는지 꼼꼼히 검토했다. 대부분 구체적 증거가 없는 뜬구름 잡기 식 보고였지만 그 가운데 미와의 시선을 사로잡는 첩보가 하나 있었다.

3년 전 암살단 사건으로 경성을 뒤집어놓은 뒤 중국으로 탈출한 김상옥의 가족이 최근 매우 불안한 모습을 보인다는 것이다. 혹시 김상옥이 되돌아온 것일 수 있다는 보고였다. 김상옥이라면 1920년 8월 미국 상하의원단이 경성을 방문했을 때 환영 행사장에서 사이토 총독과 고위관료, 친일 인사들을 암살하려고 했던 자였다. 그는 당시 단순히 암살계획만 세웠던 게 아니라 실제로 실행에 옮기기 위해 암살단을 만들어 실전 훈련까지 마쳤을 만큼 대담했다.

그런 김상옥이 경성으로 되돌아온 게 사실이라면 이번 종로서 폭탄투척을 저질렀거나 그 배후에서 조종했을 가능성이 높아보였다. 미와는 부하들에게 동대문 일대에 사는 김상옥의 가족과 친척들을 철저히 감시토록 했다. 김상옥이 경성에 있다면 어떤 식으로든 접촉이 있을 게 분명했다.

미와는 의외로 수사가 빨리 끝날 수 있다는 생각에 기분이 좋았다. 1923년 1월 15일 자 〈동아일보〉에 따르면 미와는 종로서 사건 수사상황을 묻는 기자들에게 "범인은 00방면에 00한 듯하다. 조만간 체포될 것이다"라며 자신감을 보였다.

총독부의 보도통제 때문에 비록 주요한 사실은 공란으로 보도됐지만 조선인 독자들은 그 기사를 통해 총독부 사냥개들이 뭔가 먹잇감 냄새를 맡고 슬슬 움직이기 시작했다는 것을 감지할 수 있었다.

scene **03** 1923

돌아온 김상옥
대장장이에서
독립운동가로

김상옥은 동대문 밖 창신동에서 '영덕 상회'라는 철물점을 운영하던 소상공인이었다. 그의 아버지는 구한말 구식군대에서 '영문포수(營門砲手(5군영 소속의 직책)'로 일했다고 한다. 구식군대의 난인 임오군란이 실패로 돌아가자 군문에서 쫓겨난 뒤 시국에 대한 울분으로 죽을 때까지 세상과 담 쌓고 지냈다.

그렇게 가장이 제 역할을 하지 못하다보니 집안형편은 말이 아니었다. 4남 2녀 중 둘째인 상옥은 어려서부터 동생들을 보살피기 위해 일해야 했다. 그가 처음 일을 시작한 때는 다른 아이들이 소학교에 갈 무렵인 여덟 살이었다. 그는 '쳇불(쳇바퀴에 메워 액체나 가루를 거르는 그물 모양의 물건)' 공장에서 잡일을 도왔다. 열네 살부터는 동네 대장간에서 농기구와 말발굽 편자 등을 만드는 일을 거들며 사실상 집안 생계를 책임져야 했다.

이런 지독한 가난 탓에 정규학교 공부는 엄두도 낼 수 없었다. 학력이라고는 열일곱 살 무렵 2년 정도 동대문 어의동(지금의 효제동)에 있는 공립보통학교를 다닌 게 전부였다. 그래서일까, 그는 늘 배움에 목말랐다.

대장간 일은 쇳물을 녹이고 망치로 담금질해야 하는 힘든 생활이었지만 그는 틈나는 대로 책을 읽었다. 대장간 일이 끝나는 저녁이면 동대문 교회의 야학에 다니며 지적 허기를 달랬다. 스무 살 때는 큰마음 먹고 경성기독교(YMCA) 부설 영어학교에 입학했지만 얼마되지 않아 학비를 감당하지 못해 그만두었다.

유교의 영향으로 대장장이 같은 육체노동을 천시하는 분위기가 팽배했지만 그는 개의치 않았다. 부지런하고 성실한 데다 어려서부터 배운 대장장이 기술도 뛰어나고, 일자무식인 다른 대장장이와 달리 세상 돌아가는 일도 어느 정도 이해하고 있는 상옥은 사업에서 두각을 나타냈다.

무너진 가계를 일으켜 세우겠다는 일념으로 열심히 일한 덕분에 스물세 살이 되던 1912년 '영덕철물상회'라는 자기 소유의 공장을 세웠다. 여덟 살에 생업 전선에 뛰어들어 20대 초반에 어엿한 사장이 된 것이다. 철물을 다루는 솜씨가 뛰어난 데다 신의까지 있다는 소문이 퍼지면서 그의 상회에는 전국에서 말발굽과 편자를 사려고 올라온 손님들로 늘 북적였다. 한창 때는 종업원만 50여 명에 달할 정도로 사업은 탄탄대로를 달렸다.

그러나 상옥은 자수성가한 사업가에 만족하지 않았다. 이미 밤마다 자신이 다니던 동대문교회의 청년부 학생들을 만나 시국을 토론하면서 항일 민족의식에 눈을 떴던 터였다.

그는 우선 상공인 출신답게 일제의 경제 수탈에 맞서 조선물산장려운동과 일화日貨(일본에서 수입한 상품) 배척운동에 앞장섰다. 단지 국산품을 애용하자는 캠페인에 그치지 않고 직접 국산 말총모자와 양말, 장갑 등 국산 생필품을 개발해 저렴한 가격에 대중에게 보급하고자 노력했다. 김상옥은 제품 홍보 차원에서 두루마기 차림에 자신이 만든 국산 말총모자를 직접 쓰고 거리를 활보해 주변 사람에게 깊은 인상을 남겼다.

그런 그가 본격적인 항일운동에 뛰어들게 된 것은 1919년 3·1만세운동 때부터다. 그는 당시 자기 공장의 직공 50여 명을 이끌고 만세 시위대에 합류했다. 김상옥은 그 폭발적인 민중운동의 경험을 계기로 한 차원 높은 항일운동을 시작했다.

그는 3·1운동의 여진이 채 가시지 않은 그해 4월 동대문교회 영국인 여전도사 피어슨의 집에서 청년부 학생인 박노영(중앙보고 졸업반), 윤익중(중앙보고 졸업반), 신화수(불교학교 졸업반), 정설교(보성중학교 3학년) 등과 함께 항일운동조직인 '혁신단革新團'을 결성했다. 이들은 모두 부유한 가문 출신이었고 학력도 높았다. 그러나 평소 교회생활에서 김상옥이 보여준 뛰어난 지도력과 추진력 등을 잘 알고 있었기에 그를 믿고 따르기로 했다.

혁신단의 주요 활동은 지하신문 〈혁신공보〉을 발행해 조선인의 독립열망과 투쟁정신을 고취하는 것이었다. 〈혁신공보〉는 일제식민통치 비판과 상하이와 만주, 유럽과 미국 등지에서 들어오는 독립운동 소식을 실었다. 김상옥과 청년 동지들은 3·1운동에 놀란 일제의 철저한 언론통제로 국내외 독립운동 소식을 알 수 없던 경성 시민에게 〈혁신공보〉를 비밀리에 배포했다.

하지만 신문 발행은 쉽지 않았다. 비밀 신문이 시내에 나돈다는 첩보를 입수한 고등경찰이 추적에 나선 데다 발행자금을 조달하는 일도 점점 어려워졌기 때문이다. 초기에는 김상옥이 사재를 털어 대부분의 경비를 충당했지만 한번에 2000부씩 계속 찍다보니 자금 압박을 피할 수 없었다. 이런 와중에 그해 10월 김상옥마저 경찰에 꼬리를 잡히고 말았다.

> "김상옥(경성 창신동. 기독교인 제철공)과 고원성(경성 창신동)은 '혁신공보' '국민해혹' '대한국민회 취지서' '임시정부 후원 취지서' '정부후원회 규정' 및 동 서약서를 인쇄 발행한 혐의로 검거되다."
> 〈매일신보〉 1919월 10월 12일

김상옥은 종로경찰서로 연행돼 잔인한 고문 취조를 당했다. 하

혁신공보

지만 다른 동지들을 지키기 위해 끝까지 혐의를 부인했다. 다행히
경찰이 김상옥 집에서 압수한 등사기는 일종의 보조용으로, 주요
등사기는 다른 곳에 미리 옮겨놓은 뒤였다. 이 때문에 검찰 조사
에서 압수 등사기와 〈혁신공보〉의 지형이 다르다는 점이 드러나
면서 체포 40여 일만에 무혐의로 풀려날 수 있었다.

풀려난 상옥은 다시 동지들을 규합해 〈혁신공보〉 발행에 나섰
다. 그러나 재정난은 여전히 심각했다. 곧 신문 발행 자체를 중단

해야 할 상황까지 몰렸다. 고민 끝에 상옥은 상하이임시정부로부터 재정 지원을 받을 작정으로 혁신단 동지 두 명을 상하이에 파견했다. 하지만 파견 동지들은 임시정부 또한 조선에서 들어오던 군자금이 끊겨 이루 말할 수 없을 만큼 비참하게 생활하고 있다고 알려왔다. 도저히 도움을 받을 상황이 아니라는 것이다. 어떻게 싸울 것인가? 〈혁신공보〉 활동이 벽에 부딪힌 김상옥은 투쟁 방법과 노선을 심각하게 고민하지 않을 수 없었다.

일제는 당시 3·1운동으로 분출된 독립투쟁의 열기를 진정시키려고 교묘한 양면정책을 구사했다. 강압통치를 다소 유연한 형태의 문화통치로 바꾼 것이다. 조선인에게 부분적으로 집회결사의 자유와 신문 발행 허용, 조선인 관료 채용 확대 등 '당근책'을 제공했다. 이를 통해 조선인의 일부를 일제 지배체제에 동조 또는 순응하는 친일세력으로 키울 속셈이었다. 실제로 친일로 돌아서는 독립운동 인사가 늘어나기 시작했고, 총독부 관료나 교사가 되려고 공부하는 학생들이 늘면서 이런 방법은 어느 정도 먹히는 듯 보였다.

반면 일제는 이런 '개량 공간'으로 들어오지 않는 항일독립운동 세력을 한층 가혹하게 탄압했다. 칼 찬 헌병을 고등계 형사들로 바꿨을 뿐 조선 곳곳에서 더욱 교묘한 감시와 통제가 자행됐다. 이처럼 변화된 정세에서 독립운동 단체와 인사들은 무장투쟁론과 같은 강경한 투쟁 노선에서부터 적절한 때를 기다리며 민족의 실력을 키우자는 준비론, 미국 등 열강의 힘을 빌리자는 외교론 등을 놓고 격렬한 노선투쟁을 벌였다.

이런 상황에서 김상옥의 입장은 분명했다. 조선물산장려운동이나 〈혁신공보〉 발행 등 애국계몽운동을 직접 체험하며 한계를 뼈저리게 느낀 그는 준비론과 외교론 등을 단호히 배격했다. 그는 일제를 무너뜨리려면 무력투쟁을 벌이는 수밖에 없다고 믿었다.

그는 무력투쟁 노선에 공감하는 동지들을 규합해 1919년 12월에 '암살단'을 구성했다. 이 단체는 명칭 그대로 조선총독을 비롯해 총독부 고관과 민족반역자 암살 등을 목적으로 한 비밀결사였다. 바로 이 암살단의 활동이 김상옥의 존재를 일제와 조선 민중에게 뚜렷이 각인시킨 첫 계기가 됐다.

돌아온 김상옥 2

'암살단'과
중국망명

서슬 퍼런 일제 치하에서 암살 투쟁을 펼친다는 것은 쉽지 않았다. 일제의 감시를 피하기도 어려웠지만 무엇보다 충분한 군자금과 무기를 확보하는 게 큰 난관이었다. 다행히 김상옥이 암살단을 구성했을 즈음 북만주 일대에서 항일무장투쟁을 벌이던 북로군정서北路軍政署의 백야白冶 김좌진 장군도 국내에서 은밀히 군자금을 조달하는 한편 무장투쟁도 준비하고 있었다.

김상옥은 수소문 끝에 김좌진 장군이 국내 활동을 위해 경성에 비밀리에 파견한 김동순과 만날 수 있었다. 두 사람은 그 자리에서 전국 각 지역에 지부를 설치하고 북로군정서에 전달할 군자금을 모으기로 합의했다. 또한 만주에서 폭탄과 총, 실탄 등을 들여와 일제 고관과 친일세력을 처단하는 투쟁도 함께 추진하기로 굳게 맹세했다.

김상옥과 동지들은 1차로 북로군정서에서 권총 3정과 탄환 300발, 사격교관요원 등을 제공받아 북한산 등지에서 사격과 유격훈련을 실시했다. 어린 시절부터 대장간에서 일한 덕분에 체력은 타고난 김상옥이었다. 게다가 사격교관의 지도를 받아 사격 실력도 빠르게 향상됐다. 얼마가지 않아 김상옥은 암살단 내에서 가장 날래며 총을 잘 쏘는 대원이 됐다.

암살단은 이런 훈련과 함께 군자금 모금도 게을리 하지 않았다. 밤마다 구한말 개화파 인사 박영효와 변호사 박승빈 등 경성 부호들을 찾아다니며 은밀히 돈을 끌어 모았다.

그렇게 암살단의 활동 기반을 차근차근 다지고 있던 김상옥에게 첫 투쟁의 기회가 찾아왔다. 중국과 일본, 조선 등 동북아시아 지역을 시찰하던 미국 상하양원 방문단 49명이 1920년 8월 24일 경성을 방문한다는 소식을 접한 것이다.

상하이임시정부와 국내 독립운동 세력은 당시 '외교론'이 우세한 분위기였다. 즉 구미 열강의 외교적 힘을 빌려 일본을 압박함으로써 독립을 얻어내자는 것이다. 실제로 상하이임시정부는 초기에 외교총장 김규식을 파리강화회의에 파견해 조선 독립을 호소하려고 시도했으며, 초대 대통령 이승만도 구미위원부를 설치하고 주로 미국 워싱턴과 하와이 등에서 외교 활동에 주력했다.

이런 상황에서 독립운동 세력은 아시아에 영향력을 미칠 수 있는 미국 의원단의 대규모 조선 방문을 큰 기회로 여겨졌다. 미 의원단에게 3·1만세운동과 같은 조선 민중의 독립 염원을 보여준다면 일제의 부당한 조선 침략을 국제적으로 쟁점화해 독립을 쟁취하는 데 큰 도움이 될 것이라고 굳게 믿었던 것이다.

이 때문에 상하이임시정부는 미 의원단이 첫 목적지인 중국을 방문했을 때 어떻게든 미 의원단과 만나 조선 독립의 당위성과 도움을 호소하는 활동을 적극적으로 전개했다.

> "미국 의원단이 남경으로 향하자, 대한민국임시정부에서는 신국권을 남경에 파견하여 임춘희와 같이 위원단에 재중학생연서의 진정서를 제출하다."
>
> 《조선민족운동연감》 1920년 8월 9일

> "상하이에서 여운형 황진남 양인이 미국 상원의원 해리스 동 하원의원 오스분굿더올해스만모리스 등을 방문하고 한국 상황을 설명한 후 한국헌법(영역) 한일관계 일본인의 제반 불법행위 등 문서를 교부하다. 이상으로 미국 의원단의 전 의원을 면회하고 교섭한 결과 이들은 모두 한국독립을 원조하겠다고 약속하다."
>
> 《조선민족운동연감》 1920년 8월 20일

이런 분위기는 조선 내에서도 마찬가지였다. 조선의 여러 독립운동 단체가 미 의원단의 방한을 계기로 만세운동을 준비했다. 대부분 평화적인 시위계획으로, 크게 네 가지 방식으로 추진됐다.

1. 조선 내 다수 유력자 및 부인의 서명을 받아 독립원조 청원서를 제출할 것.
2. 구한국기 등 특별히 의미 있는 기념품을 증정할 것.
3. 폐점과 기타 방법으로 일본의 통치에 반대를 표명할 것.
4. 연도의 중요 정리장 및 산 위 등 높은 지대에 집합하여 독립만세를 높이 부르거나 읍고단泣告團이라는 것을 조직하여 눈물로 호소할 것.

미 의원단의 경성 방문일이 가까워오자 조선인이 상권을 장악하고 있던 종로 일대에서 이런 평화적 시위계획에 맞춰 상점들이 대거 철거키로 하는 등 동조 움직임이 확산됐다. 경성의 청년학생들도 이날에 맞춰 만세시위를 차근차근 준비했다.

하지만 일제도 이미 3·1운동을 경험해본 터라 이번에는 이런 심상치 않은 기류를 놓치지 않았다. 총독부는 지방순사와 경관 연습소(지금의 경찰학교에 해당) 학생들까지 경성으로 대거 집결시켜 시위 진압에 대비했다. 또한 시위 주도가 예상되는 주요 인사 1000여 명을 사전 검거해 유치장에 감금하는 등 시위 계획을 무산시키기 위해 온갖 수단을 동원했다.

이 때문에 미 의원단이 경성에 들어온 24일부터 일본 도쿄로 떠난 27일까지 경성 시내는 '계엄 상황'을 방불케 했다. 시내 곳곳에 사람이 모일 만한 곳에는 무장순사와 기마 순사대가 배치돼 집회 시도 자체를 원천봉쇄했다. 특히 남대문역(지금의 서울역)에서 미 의원단의 숙소인 조선호텔까지는 아예 조선인의 통행을 금지시켰다. 만세운동에 동조해 가게 문을 닫은 상점 주인에게는 강제로 개점하도록 압력을 넣었고, 이에 불응하는 자는 모두 연행했다.

하지만 이런 삼엄한 경비와 탄압도 조선 민중의 투쟁을 완전히 누를 수는 없었다. 미 의원단이 경성에 도착한 8월 24일 남대문역 앞과 대한문 앞, 종로거리 등에서 수천 명이 시위를 벌였다. 경찰은 공포를 쏘고 칼을 휘두르며 무력으로 시위대를 겨우 해산시켰다.

3·1운동에 한번 당한 일제가 사전에 철저히 진압 준비를 했기 때문에 크게 확산되지는 않았지만 일제의 간담을 서늘케 하기에는 충분했다. 경찰은 미 의원단의 안전을 책임질 수 없다며 조선 민간단체가 주최하는 환영 행사도 모두 취소시켰다. 이상재 선생 등 기독계열 독립운동 인사들이 기독청년회관에서 열려던 환영 행사마저도 총독부 경무국이 미 의원단의 경호를 책임질 수 없다며 중지시켰다.

조선의 독립운동 세력은 미국이 일본과 가쓰라-태프트밀약을 맺었다는 것을 까맣게 모르고 있었다. 미국이 일본의 조선 지배를 인정하고, 일본이 미국의 필리핀 지배를 인정해주자는 것이 이 밀약의 핵심 내용이었다. 이런 상황에서 미 의원단에게 아무리 절절히 독립을 호소한들 소용없는 일이었다.

김상옥도 이런 밀약의 존재를 모르기는 마찬가지였지만 평화적 시위나 외교적 호소로는 절대 독립을 쟁취할 수 없다고 믿었다. 그래서 그는 암살단 동지들과 함께 미 의원단이 입성할 때 환영 행사장에 나온 사이토 총독과 총독부 관료, 친일파 인사들을 암살하려는 계획을 짰다.

김상옥의 계획은 지금 봐도 대담했다. 우선 차량 세 대를 준비해 그 중 두 대에 시가전이 가능하도록 사격 설비를 설치하고, 나머지 한 대에는 폭탄과 탄약을 잔뜩 장착해 종로 주택가 골목에 숨겨놓기로 했다. 미 의원단 행렬이 종로거리를 지나갈 때 함께 수행하는 사이토 총독과 고위 관료를 공격하고, 이를 제지하려고 경찰이 출동하면 준비해둔 차량을 이용해 총격전을 벌인다는 것이다.

당시 암살단이 현장에서 배포하려던 투쟁 취지문은 이들의 목적을 잘 보여준다.

"미국 의원단의 내한을 계기로 하여 총도 이하 왜놈 고관을 살해하는 동시에 친일 반역자 및 일인 경찰의 주구 짓을 하는 고등계 형사들을 소탕하여 우리 민족의 우국지정을 미국 의원단을 통하여 전 세계에 알리기로 하자."

《서울 한복판 항일시가전의 용장 김상옥 의사》 중에서 '암살단 투쟁 취지문'

그러나 이런 거사 계획은 실행되지 못했다. 거사일이 코앞으로 다가왔지만 북로군정서에서 오기로 한 무기와 군자금이 도착하지 않았기 때문이다. 일제가 미 의원단의 입경을 앞두고 만주 일대의 국경 경비를 크게 강화하는 바람에 무기반입에 차질이 생긴 것이다.

암살단은 다른 돌파구를 찾아야 했다. 때마침 경성에는 무장시위를 준비하던 또 다른 비밀결사가 있었다. 광복단 출신 한훈이 상하이임시정부와 협의해 만든 '광복결사대'였다. 결사대는 이미 상하이에서 권총 40자루와 탄환 3000발, 폭탄 10발을 반입해놓았다. 하지만 이 무기를 사용할 대원이 확보되지 않아 발만 동동 구르고 있었다.

암살단과 결사대는 서로 보완할 처지에 있다는 것을 알고는 기꺼이 손을 잡기로 했다. 초기에 세운 거대한 계획보다 줄어들기는 했으나 첫 암살 투쟁을 벌일 수 있게 됐다.

그러나 뜻하지 않은 일이 발생했다. 경찰이 미 의원단의 경성 입성을 앞두고 시위 주도가 예상되는 '불령선인' 1000여 명을 대대적으로 예비 검속하는 과정에서 암살단의 존재가 드러난 것이다.

김상옥은 〈혁신공보〉 전력 때문에 경찰의 예비검속 대상이었다. 거사 하루 전날인 23일 경찰이 김상옥의 집을 찾아왔다. 잠시 연행하기 위해서였다. 자신이 잡히면 모든 게 끝난다는 것을 알고 있던 김상옥은 지붕을 타고 필사적으로 도망쳤다. 하지만 경찰이 집안을 샅샅이 수색하는 과정에서 2층 밀실에 있던 암살단 투쟁계획서와 권총 케이스, 조직원 사진 등이 발견됐다.

"六穴砲暗殺團檢擧, 주모자 金相玉은 다라나고 상하이서 온 韓焄만 잡히어, 미국의원단이 남대문에 도착할 때에 日本高官 암살하랴다가 발각되야"

〈동아일보〉 1920년 8월 26일

"光復團의 暗殺團 繼續逮捕, 미국의원단 입경시 경성에서 대규모의 암살을 계획한 韓焄 김상옥의 동지 네 명 林相普 金衡圭 李根榮 尹奇重을 테포, 십련발 류혈포와 탄환압수"

〈동아일보〉 1920년 8월 29일

암살단 투쟁계획에 놀란 경찰은 신속히 관련자 검거에 나섰다. 김상옥은 다행히 몸을 피했지만 한훈, 김동순, 이돈구, 윤익중, 신화수, 김화룡 등 열두 명이 줄줄이 체포됐고, 여섯 명이 수배됐다. 김상옥은 이 사건 궐석 재판에서 사형을 선고받았다.

김상옥은 그의 가족과 동지들이 경찰에 당한 고초를 생각하면 잠을 이루기 어려웠다. 수족 같던 동지들이 모두 잡혀간 데다 경찰 추적이 강화되면서 기본적인 활동조차 어려웠다. 결국 후일을 기약하며 그해 10월 중국 상하이로 떠나야 했다.

김상옥은 1921년 7월 초순 잠시 국내에 잠입해 경기, 충청, 전남 지역 등을 돌며 군자금을 조달해 간 적이 있을 뿐 지난 3년간 줄곧 상하이에 머물며 임시정부를 돕고 있는 것으로 알려졌다. 그런 그가 제 발로 경성에 다시 들어왔으니 종로서 폭탄피습 사건에 놀란 일본 경찰로서는 바짝 긴장하지 않을 수 없었다.

scene 05 1923

밀고로 드러난
은신처

1920년대 초 경성 종로경찰서는 지금의 종로2가 기독청년회관(YMCA) 건물 바로 왼쪽 편에 있던 서양식 2층 건물을 사용했다. 원래 이 건물은 미국인 콜브란Collbran이 고종황실과 '서울시내 전차, 전등 그리고 전화의 시설 및 운영권' 계약을 맺고, 1898년에 우리나라 최초의 전력공급업체인 한성전기회사를 세웠을 때 사옥으로 세워진 건물이었다. 1910, 20년대의 종로거리 사진을 보면 단층 건물 사이에 우뚝 솟아 있는 한성전기 사옥을 확인할 수 있다.

하지만 불과 2년 전만 해도 우리 정부와 역사학계는 1920년 초 종로경찰서가 지금의 종로사거리 제일은행 본점 터에 세워져 있었던 것으로 잘못 알고 있었다. 그 때문에 1923년 1월 발생한 종로서 폭탄투척 사건을 기념하기 위한 역사표석도 2007년 초까지 지금의 제일은행 빌딩 앞 화단에 세워 놓았다. 철저한 고증 없이 표석을 세운 셈이다.

일제강점기 초반까지 현 제일은행 본점 터에는 법원이 있었다. 종로서는 1929년에야 이곳으로 이전해왔으며 그 전에는 종로2가 한성사옥을 사용하고 있었다. 그러므로 종로서가 폭탄투척을 받은 것은 제일은행 본점 터에 있을 때가 아니라 한성사옥 건물(현 장안빌딩 터)에 있을 때였다.

1910년 을사늑약 이후 일제의 식민통치가 본격화되면서 항일 독립운동을 감시하고 탄압하는 조선 내 치안 수요가 폭증했다. 독립운동과 사상범 탄압을 주도하던 종로경찰서는 1910년대 중반에 이미 직원이 300여 명을 넘어섰다. 이 때문에 더 넓은 공간이 필요해 1915년 한성전기 사옥으로 이전한 것으로 당시 신문들은 전하고 있다.

어쨌든 당시 종로서는 종로 일대에서 가장 높고 큰 건물 중 하나였다. 동대문 근방에서도 원형 시계탑이 높게 솟은 종로서가 보일 정도였다. 주변을 압도하는 그 거대한 신식 건물은 종로 일대의 랜드마크인 동시에 일제의 조선 강압과 탄압을 상징했다.

종로서 폭탄투척 사건이 발생한 뒤 일제는 경성 시내 일대에서 범인 색출에 혈안이 됐다.

"(종로서 폭탄피습 이후) 경찰서 측에서는 범인을 체포하려고 극력으로 활동하고 민간 측에서는 그 일이 어찌 되느냐고 목마른 듯이 관망했다. 마치 계엄령이 내려진 듯 거리거리 골목골목에 수색대가 줄 매듯 하고 저녁 8시만 되면 종로통에는 인적이 끊어졌다. 조그만 수상한 자이면 하루저녁 4~5차례 몸수색을 당했다."

《개벽》 제32호 '다사다난한 계해 1월 들어'

수사 나흘째인 16일 총독부는 종로서에 설치한 수사본부를 경기도 경찰부(지금의 서울경찰청)로 옮겼다. 실질적으로 경기도 경찰부가 모든 수사를 지휘통솔하고 있어 본부를 종로서에 두는 것이 비효율적이라는 판단에서다. 이에 따라 미와의 특별수사대도 수사본부를 따라 경기도 경찰부로 옮겨 활동하게 됐다. 종로서 폭탄 투척 사건은 더 이상 종로서에 국한된 사건이 아니었다. 총독부와 일본 경찰의 자존심이 걸린 중대한 문제였다.

예나 지금이나 경찰은 언론을 피한다. 총독부 역시 수사 초기부터 언론을 강하게 통제했다. 그렇기 때문에 〈동아일보〉, 〈조선일보〉 등 조선계 신문은 사건 발생 이틀 후인 14일에서야 제한적으로나마 이 사건을 보도할 수 있었다. 하지만 수사 방향이나 경찰 움직임, 용의자 추정 등 중요한 사실은 쓸 수 없었다. 당시 신문을 보면 이 사건 기사에 빈칸으로 남아 있는 부분이 심심치 않게 눈에 띄는 것도 이런 탓이다.

미와의 특별수사대는 이런 보도통제하에서 범인에 대한 작은 단서라도 잡으려고 안간힘을 썼다.

일제강점기 일본 경찰이 조선팔도에 구축해놓은 사찰망은 상당한 수준이었다. 1919년 3·1만세운동을 사전에 파악하지 못해 '화'를 입었다고 판단한 일제는 이후 경찰 분야에서 고등계 형사와 밀정을 대폭 늘려 정보 수집과 감시 활동을 강화했다. 독립운동가의 주변 친척이나 이웃, 동네 사람까지 매수해 독립운동가와 그 가족의 일거수일투족을 속속들이 감시했다.

이런 철저한 감시 때문에 3·1운동 이후에도 국내에서 여러 독립운동이 시도됐지만 번번이 사전에 탐지돼 무산되거나 대규모 투옥사태를 낳곤 했다. 의열단의 밀양폭탄 사건이 대표적이다.

의열단은 1920년 4월과 5월 두 차례에 걸쳐 일본 고관과 친일파 암살, 주요 관공서 폭파를 목적으로 만주에서 폭탄 16발과 권총 2정, 탄환 100발을 경남 밀양과 진영 등으로 몰래 반입하는 데 성공했다. 곽재기, 이성우, 황상규, 윤세주, 신철휴 등 의열단 단원 10여 명이 모여 무기 관리와 운반, 연락, 자금 조달, 폭탄투척, 저격 등 각자 역할을 분담해 거사를 추진했다.

그러나 안타깝게도 거사 직전 경기도 경찰부의 조선인 고등계 형사 김태석에게 적발돼 단원 대부분이 검거됐다. 김태석은 조선인 밀정인 김진규를 통해 의열단의 활동을 사전에 탐지했다. 일제는 고등경찰의 사찰망 덕분에 의열단이 의욕적으로 추진하던 첫 폭탄거사를 잘 막아낼 수 있었다.

특별수사대의 미와 경부도 이런 고등경찰의 조직력을 통해 김상옥의 잠입 정황을 탐지할 수 있었다. 사실 그 전해 11월부터 중국 상하이에서 위험인물이 경성에 잠입할 것이라는 현지 주재 일본 경찰의 보고가 있었다. 상하이임시정부와 그 주변에서 뭔가 심상치 않은 일이 추진되고 있다는 것이다. 이 때문에 경성 각 경찰서의 고등계 형사들은 지난해 말부터 동향 정보 수집과 위험인물 적발에 여념이 없었다.

"시내 종로경찰서 고등계에서는 방금 비밀리에 대활동을 개시하여 형사가 시내 각처로 돌아다니며 모중대 사건의 단서를 얻고자 노력 중인데 종로서에서는 사실을 비밀에 부침으로 그 자세한 내용은 알 수 없으나 모처에서 탐문한 바에 의하면 요사이 시내 낙원동에 모모 3~4인의 집에 시국에 대한 협박장이 들어오고 또는 위험단체가 들어왔다는 소문이 있음으로 그와 같이 활동을 하는 것이다."
〈동아일보〉 1922년 12월 28일, '협박장과 경찰활동'

사정이 이렇다보니 김상옥의 가족도 경찰의 심한 감시를 받았다. 동대문경찰서 고등계 형사인 김창호는 암살단 사건으로 김상옥이 수배를 받은 뒤부터 김상옥 집을 제 집처럼 드나들며 가족들의 동태를 감시했다. 김창호는 특히 종로서 폭탄투척 사건이 발생

한 뒤 자신이 나타나면 김상옥 어머니와 부인, 여동생 등의 표정과 행동이 평소와 달리 매우 불안정한 점을 이상히 여겼다. 그는 이를 근거로 김상옥이 국내에 들어온 것 같다는 보고를 상부에 올렸다.

또한 김상옥의 이웃집에 살고 있는 동대문서 형사 조용수도 김상옥 집안의 분위기를 속속들이 들여다보고 있었다. 김상옥의 모친과 친구지간인 어머니를 교묘히 이용한 덕분이다. 조용수의 어머니는 김상옥 집에서 놀다오면서 아들을 대신해 김상옥 가족의 동태를 살핀 것이다. 조용수는 자기 어머니한테 최근 김상옥 모친이 상옥을 만난 것 같다는 이야기를 듣고 이를 상부에 보고했다.

이런 보고는 미와에게 올라갔고 미와는 이를 근거로 김상옥이 경성에 잠입했을 가능성이 높다고 판단했다. 미와는 형사와 밀정들을 독려해 김상옥의 소재를 파악하는 데 주력했다. 김상옥이 제2의 사건을 일으키기 전에 서둘러 붙잡아야 한다는 생각에서였다.

마침내 사건 발생 나흘째인 16일 저녁 미와 경부는 김상옥 은신처에 대한 결정적 제보를 손에 넣었다. 경성 삼판통(지금의 용산구 후암동)에 있는 고봉근의 집 행랑방에 세 들어 사는 여자가 밀고한 것이다. 종로서에 근무하는 친정오빠한테 얼마 전부터 고씨 집에 수상한 남자가 기거하고 있는데 권총을 가지고 있는 것을 봤다는 얘기였다.

고봉근은 김상옥 누이의 남편, 즉 매부였다. 미와가 그걸 놓칠리 없었다. 고봉근 집에 권총을 가진 낯선 남자가 기거하고 있다면 김상옥인 것은 불 보듯 뻔했다. 이제 은신처를 알아냈으니 체포하는 일만 남았다.

미와는 김상옥의 은신처를 모리 종로서장에게 알렸다. 그러나 우마노 경찰부장 등 경찰 수뇌부에게는 아직 보고하지 않은 상황이었다. 이번 폭탄피습 사건으로 모리 종로서장의 얼굴은 말이 아니었다. 사건이 잘 해결되지 못하면 지휘 책임을 지고 징계 받게 될 처지였다. 그런 불명예를 피하려면 어떻게든 종로서가 앞장서 범인을 체포해야 했다. 미와는 자기 상관을 돕고 싶은 마음에 가장 먼저 은신처 정보를 알렸다. 모리는 보고를 받자마자 전의를 불태웠다.

눈발이 날리는 16일 늦은 밤, 종로서의 전 직원을 비상 소집시켰다. 모리 서장은 서내에서 체포술이 뛰어난 형사들을 특별히 선발해 체포조를 구성했다. 동대문서에도 몸이 날랜 형사들을 일부 지원받았다. 그리고 무장한 정복 순사 200여 명을 출동 대기시켰다. 체포 작전은 김상옥이 한참 단잠에 빠져 있을 17일 새벽 5시로 정했다.

'눈이 내릴 경우 범인 체포는 더 쉬워진다.' 범인은 도망쳐봤자 눈밭에 발자국을 남길 수밖에 없다. 그러니 경찰 추적을 따돌리기는 애초부터 불가능하다. 모리는 창밖에 눈발이 거세지는 것을 보며 회심의 미소를 지었다.

하지만 그것은 오판이었다.

scene 06 1923

문화통치의
심장을
노리다

16일 삼판통 고봉근의 집. 초저녁부터

창밖에는 눈보라가 불고 있었다. 이대로 밤새 내리면 내일 아침에는 발목까지 푹푹 빠질 정도로 쌓일 게 분명했다. 혹시나 내일 '거사'에 지장을 주지나 않을까? 김상옥은 이러저런 상념에 잠겨 쉽게 잠을 청할 수 없었다. 내일 오전 사이토 마코토齊藤實 조선총독은 남대문역에서 열차를 타고 부산으로 내려가 배 편으로 일본 도쿄로 건너간다. 해매다 정초에 열리는 '일본제국회의'에 참석하기 위해서다.

상옥은 도쿄 행 첫 길목인 남대문역(1925년 이후 경성역으로 불리다가 해방 후 서울역이 되었다)을 지키고 있다가 사이토를 저격할 생각이었다. 그는 품속에 있는 모제르 7연발 권총을 만지작거리며 그 통쾌한 순간을 몇 번이고 머릿속에 그려 보았다. 과거 암살단 활동 때도 사이토를 죽이려던 김상옥이 다시 사이토를 암살 목표로 삼은 데는 그만한 이유가 있었다.

일본 해군대장 출신 사이토는 1919년 8월 조선총독부 제3대 총독으로 부임했다. 3·1운동으로 촉발된 일제의 조선 식민통치 위기를 수습해 지배체제를 안정시키라는 특명을 받은 터였다. 그는 취임 즉시 민심 수습책의 하나로 전임 총독들이 펼친 강압적 '무단정치'를 종식하고 새로운 '문화정치'를 표방했다. 그는 총독을 문관에 개방하고, 조선인 차별대우 철폐, 지방분임주의, 조선 재래 문화와 습관 존중, 언어 집회와 출판의 자유, 경찰 기관의 정비, 인재 등용, 문호 개방 등을 새로운 시정 방침으로 발표했다.

이에 따라 조선합병 후 헌병이 주로 담당하던 치안 업무를 보통 경찰이 맡도록 했다. 또 제복을 입고 칼을 차고 근무하던 관리와 교사 들도 조선 민중의 반감을 불러일으킨다는 판단에 따라 민간인 복장으로 전환했다. 총독부 관리나 보통학교 교장, 경찰관 등에 조선인을 임용하기 시작했고, 〈조선일보〉, 〈동아일보〉, 〈시대일보〉 등 조선어 신문의 발행도 허용했다. 무단통치 시절에 비해 민주주의적 권리가 대폭 신장된 것처럼 보였다.

하지만 이런 통치 형태의 변화는 어디까지나 식민지 지배를 공고하게 다지기 위한 고도의 정치공학적 술책에 지나지 않았다. 겉으로는 자유가 대폭 허용된 것 같지만 실제로는 교묘한 방식으로 지배체제를 강화한 것이었다.

사이토는 '군부 인사'가 독점하던 조선총독 직을 문관 출신에게도 개방하겠다고 약속했지만 지켜지지 않았다. 일제강점기 말기까지 총독들은 여전히 육해군 대장 출신이 독점했다. 지금으로 말하면 군부통치가 계속된 것이다. 헌병 경찰제도도 폐지됐다고는 하지만 허울뿐이었다. 실제로는 경찰 주재소와 파출소가 곳곳에 증설되면서 하급 경찰관의 수가 대폭 증가했다. 헌병 대신 일반경찰을 크게 늘려 이전보다 더 교묘하게 조선 민중을 감시하고 탄압했다.

실제로 경찰 예산은 1918년 800만 원에서 1920년에는 2394만 원으로 약 3배, 경찰관서는 1919년 736개소에서 1920년에는 2746개소로 3.6배, 경찰관은 1919년 6387명에서 1920년 2만 134명으로 3.2배나 늘었다. 늘어난 치안 인력은 대부분 고등계 형사들이었다. 이들은 독립운동가와 애국자를 미행하고, 수시로 예비검속을 했으며, 투옥과 고문을 밥 먹듯 자행했다. 봄은 왔지만 봄이 아니었다. 학계에서는 1920년대 일제 식민통치를 고등경찰 통치라고 부르기도 한다.

조선어 신문과 도서 발행 허용도 상당히 기만적이었다. 일제는 여전히 검열을 통해 신문과 책 내용을 간섭했다. 일제 통치에 반하는 내용은 결코 신문과 책에 실릴 수 없었다. 이 때문에 압수, 정간, 폐간 등이 다반사로 일어났다. 당시 경찰 자료를 보면 민간

신문을 검열, 압수, 삭제, 과료처분, 폐간하는 등의 강제 조치가 매달 평균 506건에 달했다.

반면 이런 기만적인 문화통치는 조선인 사회를 빠르게 분열시켰다. 문화통치 시기에 많은 지식인이 변절했고, 위장된 자치론으로 독립운동에 혼선이 빚어졌다. 일제 총독부 관료와 경찰, 교원 등으로 채용된 조선인은 '친일파'로 성장해 1930, 40년대 일제 식민통치의 적극적인 협조자 노릇을 했다. 온건파 독립운동가 중에서도 문화통치의 개량 공간에서 활동하면서 점점 친일파로 전향하는 자들이 속출했다. 결국 문화통치를 통해 조선 식민통치 기반을 강화하겠다는 일제의 속셈이 어느 정도 효과를 거둔 셈이다.

김상옥은 그런 문화통치의 기만성을 폭로하고, 3·1만세운동 이후 침체에 빠진 국내외 독립운동에 자극제 역할을 하고자 사이토를 암살하기로 결심한 것이다. 안중근 의사가 이토 히로부미를 처단한 것과 비슷한 맥락으로 이해된다.

사실 김상옥의 사이토 암살 작전은 의열단과 상하이임시정부의 합작품이다. 당시 임시정부는 극심한 재정난에 허덕이고 있었다. 임시정부 설립 초기만 해도 국내외에서 답지하던 군자금이 해가 갈수록 크게 줄었다. 이 때문에 임정의 각종 활동이 크게 위축된 것은 물론이고 임정 요인과 그 가족은 하루 끼니를 걱정해야 할 정도였다.

그래서 임정 재무총장 이시영은 1922년 말 의열단 단장인 약산 김원봉과 손잡고 국내에서 대규모 군자금 모금 계획을 세웠다. 의열단원이 국내에 잠입해 폭탄 투척과 요인 암살 등으로 일제 경계망을 교란하고 항일 유인물을 살포해 해이해진 국내 동포의 독립정신을 일깨운 뒤 부호들로부터 임정 지원금을 걷어온다는 내용이었다.

이시영과 김원봉은 이 계획을 실행에 옮길 투사로 여러 사람을 물색하던 중 김상옥을 선택했다. 김상옥은 국내에서 혁신단과 암살단 등 지하조직을 만들어본 경험이 있어 지하조직을 재건하기 쉬운 데다 무예와 사격술이 뛰어나고 담력이 뛰어나 평소 주목받던 인물이었다.

김상옥을 파견요원으로 뽑았지만 이 투쟁계획을 실행하는 데는 여전히 어려움이 많았다. 그 중에서도 폭탄을 어떻게 국내에 반입할 것인지가 큰 문제였다. 의열단의 밀양폭탄사건(1920년 12월)과 조선총독부폭파사건(1921년 9월) 등이 있은 뒤로 일본군은 만주 국경 경계를 크게 강화했다. 독립운동가들이 열차 편이나 도보로 국내에 들어가는 일도 쉽지 않았다. 그런 상황에서 부피가 큰 폭탄을 대량 운반하는 것은 극히 위험한 일이었다.

의열단장 김원봉은 이를 해결하기 위해 국내에서 폭탄 반입과 보관 등을 도와줄 협력자를 물색했다. 여러 대상자 중 최종적으로 한때 상하이임시정부 법무국장으로 일하다 귀국해 경성에서 무산자동맹회(1922년 3월)를 조직해 사회주의운동을 벌이고 있는 김한

金翰을 택했다. 김원봉은 상하이 시절부터 김한과 개인적 교분이 있었다. 그는 즉시 의열단원 남정각과 류자명을 서울로 밀파해 김한의 의향을 타진했다. 김한은 흔쾌히 협조할 의사를 밝혔다.

김한은 당시 경성의 관수동에 무산자동맹 사무실을 차려놓고 사회주의 활동을 하고 있었다. 경찰은 그가 사회주의 이념 때문에 임시정부와는 완전히 결별한 것으로 알고 있어서 감시를 심하게 하지 않았다. 의열단이 폭탄상자를 만주 안둥 현까지 운반해놓으면 김한이 신의주를 거쳐 경성까지 밀반입해 비밀창고에 보관하고 있다가 김상옥 등 의열단 단원이 찾아오면 건네주기로 했다.

1922년 11월 중순, 김상옥은 김원봉을 만나 이번 투쟁계획을 듣고 구체적 행동지침을 지시받은 뒤 권총 3자루와 탄환 500발 그리고 연락문서를 받아 귀국길에 올랐다. 조소앙과 이시영 등은 그에게 국내에 들어가 부호들에게 군자금을 걷을 때 사용할 소개장을 써줬고, 신익희는 자신의 호신용 권총 한 자루를 내주며 격려했다.

김상옥은 스물한 살의 청년투사 안홍한과 함께 상하이에서 여객선을 타고 만주로 이동했다. 상옥 일행이 압록강 국경을 넘은 것은 그해 12월 1일이었다. 그는 국내 잠입 과정에서 숱한 일화를 남겼다.

상옥 일행은 만주 안둥 현에서 시골농부 차림으로 변장한 후 야음을 틈타 압록강 철교를 건넜다. 철교를 건너다 경비 경관의 불심검문에 걸렸지만 상옥이 경관을 때려눕혀 겨우 위기를 벗어났다. 신의주 세관검문소에서도 보초의 제지를 받았지만 상옥이 권총으로 보초 머리를 때려 실신시킨 뒤 탈출했다. 이어 두 사람은 수십 리를 걸어서 평안북도의 이름 모를 경의선 간이역에 도착했다. 그곳에서 석탄을 가득 실은 화물열차를 발견하고는 그 위에 뛰어올라 석탄더미 속에 몸을 숨기고 경기도 일산역까지 왔다. 거기서 경성까지는 걸어서 들어왔다.

이런 우여곡절 끝에 경성 잠입에 성공한 김상옥은 옛 동지들을 하나둘 다시 규합했다. 그는 동지들에게 상하이에서 지시받은 투쟁계획을 설명하고 협조를 요청했다. 윤익중 등 일부 동지는 사재를 털어 초기 투쟁자금을 지원했고, 나머지도 흔쾌히 협력을 약속했다.

그러나 어떤 이유에서인지 '폭탄 반입'이 계속 늦어졌다. 김원봉에게 지시받은 대로 국내 폭탄 반입 책임자인 김한에게 동지들을 보내 폭탄 지급을 요청했지만 받을 수 없었다. 참다못한 김상옥이 '김운진'이라는 가명을 쓴 채 직접 김한을 찾아갔지만 그는 "아직 폭탄이 도착하지 않았다"는 말만 되풀이했다.

나중에 안 사실이지만 김원봉은 김상옥의 국내 잠입시점에 맞춰 거사용 폭탄을 만주 안둥 현까지 옮겨놓았다. 하지만 그 무렵 김한이 일제 고등경찰에 매수됐다는 소문이 퍼지자 이를 다시 상하이로 철수시켰던 것이다.

상하이와 직접 연락하기 어려웠던 김상옥은 이런 내막을 까맣게 모르고 폭탄이 도착하기만 손꼽아 기다리며 12월 한 달을 보냈다. 나중에야 김한의 매수설을 듣게 된 김상옥은 화가 머리끝까지 치밀어 김한을 직접 처단하려는 생각까지 했다. 그러나 윤익중과 정설교 등 주변 동지들이 "김한 하나 때문에 거사를 그르칠 수는 없다"며 적극 만류하는 바람에 겨우 흥분을 가라앉혔다.

그러나 김한이 경찰에 매수됐다는 것은 사실이 아니었다. 경찰은 상하이에 구축된 경찰 사찰망을 통해 김한이 상하이 독립운동 세력과 모종의 계획을 추진하고 있다는 첩보를 입수했다. 그래서 1922년 12월 17일 김한을 전격 연행해 취조했다. 하지만 김한은 끝내 김원봉과의 약조를 발설하지 않았다.

> "본정경찰서(중부)에서는 어제 새벽에 성북동 백구십일번지 장동옥의 집에 경관이 출장하여 엄중히 가택수색을 한 후 다시 관수동에 있는 무산자동맹회에 가서 그 회 간부 김한 씨를 구인하고 방금 엄중히 취조 중인데 사건의 내용은 아직 알 수 없으나 경찰서에서는 계속 활동하고 있다."
>
> 〈동아일보〉 1922년 12월 28일, '무산자동맹의 간부 김한씨 돌연히 구인취조'

그가 경찰에 연행됐다는 소식을 접한 의열단은 그가 매수됐을 것으로 의심할 수밖에 없었다. 만약에 이번 투쟁계획이 경찰의 귀

無産者同盟의 幹部

김한씨를돌연히구인취조
성북동장동우의집도수색

본정경찰서에서는 작일새벽 돌연히 시내 장동우(城北)무산자동맹회(無産者同盟)에가서 김한(金翰)씨를돌연히구인하야 본정서에서 취조중인데 사건의내용은 함구불언하고 방금 무엇인지취조를 계속하는중이라더라

...(본문 일부 판독 불가)...

에 들어갈 경우 조직 전체가 큰 피해를 입을 상황이었다. 그러나 김한이 매수됐다면 종로서 폭탄투척이나 김상옥 잠입 등을 경찰이 사전에 알아야 했지만 그렇지 못한 것으로 볼 때 김한은 김원봉과의 약조를 끝까지 발설하지 않은 것으로 보인다(실제로 김한은 이후에도 1938년 소련에서 사망할 때까지 사회주의 독립운동을 꾸준히 벌였으며, 그 공로를 인정받아 2005년에 대한민국 독립유공자로 선정됐다).

어쨌든 이런 전후 사정을 자세히 알 수 없었던 의열단은 그를 의심하지 않을 수 없었고, 그 때문에 김상옥의 거사는 물론이고 이후 벌어질 또 다른 '의열단 폭탄거사'에도 적지 않은 악영향을 미쳤다.

김한을 통한 폭탄 입수가 무산됐지만 김상옥은 투쟁을 멈출 수 없었다. 그는 폭탄이 없다면 권총을 이용해서라도 사이토를 암살하기로 했다. 그는 의열단 내에서도 사격술이 뛰어난 것으로 유명했다. 상하이 시절에는 특히 '리벌버 클럽'이란 사설 사격연습장에 드나들며 사격술을 쌓았다. 보통 일곱 발을 쏘면 다섯 발은 중앙 흑점에 맞았고, 다른 두 발도 제2선을 넘어가는 법이 없었다고 한다. 그 사격클럽의 백인 여주인은 상옥의 사격 실력에 매번 '베리 굿'을 연발하기에 바빴다.

사이토 총독은 명이 질긴 자였다. 사이토가 조선총독으로 부임하기 위해 경성에 도착하던 1919년 9월 2일, 강우규 의사가 남대문역 앞에서 사이토 일행에게 폭탄을 던졌지만 수행원과 기자들만 다쳤을 뿐 사이토는 무사했다. 김상옥도 1920년 8월에 미 의원단이 내한했을 때 남대문역 환영 행사에서 사이토를 처단하려고 했지만 사전에 일본 경찰에 계획이 발각되는 바람에 실패로 끝났다.

그렇기 때문에 더욱더 이번만큼은 놓칠 수 없었다. 그는 이번 거사를 성공시키기 위해 혼신의 힘을 기울였다. 경성 잠입 초기에는 시내의 옛 동지 집을 전전했지만 1월 12일 종로서 폭탄투척 사건이 발생한 이후에는 시내 경비가 극도로 삼엄해져 함부로 외출하기도 힘들어졌다. 곳곳에 깔린 고등계 형사와 밀정의 눈길이 무서워 동지들과 연락도 제대로 할 수 없었다.

하지만 삼판통 매부의 집은 시내에 비하면 한적하고 거사 장소인 남대문역까지도 걸어서 수 분내 갈 수 있었다. 김상옥은 순사 복장을 하고 남대문역 주변에 나가 경찰의 동태를 파악하면서 사이토의 출발 일정과 경비 상황 등을 살펴왔다. 몇 번이고 마음속으로 거사 장면을 떠올리며 그날이 오기만을 기다렸다

'이제 내일이면 결판날 것이다.'

상옥은 두근거리는 가슴을 진정시키며 조금씩 잠에 빠져들었다.

scene 07 1923

샴판통에
울려퍼진
총성

총독부는 조선의 지명을 자기 식으로 편하게 고쳐 불렀다. 경성부 각 지역의 이름도 끝에 정町, 정목丁目, 통通 등의 낯선 한자를 붙여 개칭했다. 서울의 황토마루(지금의 광화문)는 광화문통光化門通, 구리개(지금의 을지로)는 황금정黃金町, 웃다방茶洞은 다옥정茶屋町, 명동은 명치정明治町 등으로 바꿨다.

남산 서편 지역인 삼판통三坂通도 일제가 붙인 지명이다. 원래 조선시대에는 국가제사용 소와 돼지, 양 등을 맡아 기르던 관청인 전생서典牲署가 있던 지역이어서 '전생서동'은 '전생동'으로 불렸다. 그곳이 일제강점기에는 삼판통으로, 해방 후에는 지금의 명칭인 용산구 '후암동'으로 바뀌었다.

삼판통은 남산 소나무 숲이 가까우면서도 명동이나 남대문역

(경성역)까지의 거리가 가깝고 또 경성에서 한강으로 나아가는 길목에 위치하고 있어 일본인이 많이 거주하고 있었다.

고봉근(당시 25세)의 집은 이런 삼판통에서 남산 방면으로 조금 외진 곳에 있었다. 감나무 밭 사이에 민가라고는 두 집밖에 없는 한적한 곳이어서 대낮에도 사람의 왕래가 적어서 누가 왔다가도 소문이 날 염려가 없었다. 경찰의 감시를 따돌리며 거사를 준비해야 할 김상옥에게는 머물기 좋은 장소였다.

1923년 1월 17일 새벽 5시경. 눈보라가 치는 가운데 건장한 사내 20여 명이 눈길에 발자국을 남기며 삼판통 고갯길을 올라가고 있었다. 그들은 고봉근의 집을 향하고 있었다. 종로서 경무계 주임인 이마세 경부가 지휘하는 김상옥 체포대 형사들이었다.

'이런 날씨라면 아무리 날랜 놈도 포위망을 뚫고 도망치기 어려울 거야' 형사들의 얼굴에는 자신감이 넘쳤다. 형사들은 곧 감나무 밭 후미진 곳에 있는 고봉근의 집 앞에 이르렀다. 형사들은 사전에 계획을 치밀하게 짠 듯 소리 내지 않고 잽싸게 집을 둘러쌌다. 그 중 몸이 가벼워 보이는 형사 한 명이 담장에 손을 짚는 듯하더니 금세 담을 타고 앞마당에 뛰어내렸다. 곧이어 대문이 열리고 밖에 있던 형사 몇몇이 마당에 들어섰다. 범인 체포 경험이 많은 프로답게 모든 과정이 막힘없었다.

마당 안은 쥐죽은 듯 고요했다. 다들 깊은 잠에 빠진 듯 방마다 등불이 꺼져 있었다. 형사들은 체포 작전을 빨리 끝내고 싶었다.

"주인장! 주인장! 고봉근! 고봉근!"

형사들은 큰소리로 집주인을 불렀다.

김상옥은 본능적으로 눈을 떴다. 재빨리 문틈으로 밖을 내다봤다. 마당은 어두웠지만 사내 여럿이 서 있는 것을 확인할 수 있었다. 이 시간에 갑자기 나타난 불청객이라면 형사놈들이 분명했다. 상옥은 품에서 권총을 꺼냈다.

형사들의 고함소리에 놀란 김상옥의 누이동생 아기阿基가 안방문을 열고 "이 시간에 누구세요?"하며 나오다가 형사들의 시커먼 모습을 발견하곤 "에구머니!"하며 주저앉고 말았다. 그녀도 직감적으로 그들이 오빠를 잡으러 온 형사라는 것을 알 수 있었다.

형사 네댓 명이 성큼 대청마루에 올라섰다. 옷을 챙겨 입고 아기를 뒤따라 나오던 남자를 발견하자 형사들이 득달같이 달려들어 포승줄로 결박했다. 고봉근이었다.

"당신들은 누구요? 왜 이러는 거요?"

형사들은 대답하지 않고 조용히 건넌방을 가리키며 "김상옥이 저 방에 있지?"라고 물었다. 고봉근은 대답하지 않았다.

하지만 형사들은 이미 건넌방 앞으로 다가서 있었다. 한 형사가 문고리를 세게 잡아당겼지만 굳게 잠겨 있는 듯 꿈쩍도 하지 않았다. 형사들은 쇠 문고리를 연신 흔들며 "김상옥! 다 알고 왔다. 시간 끌어봤자 너만 손해다. 좋은 말 할 때 순순히 나와라!"하며 윽박질렀다.

당시 경성부 삼판통의 모습.
지금은 용산구 후암동으로 불립다.

하지만 불 꺼진 방 안에선 아무런 대답도 없었다. 김상옥은 방 안에서 양손에 권총을 쥐고 자세를 낮춘 뒤 형사들의 진입에 대비하고 있었다. 생각 같아서는 선제공격을 날리고 싶었지만 형사들과 함께 마루에 서 있는 누이 내외가 다칠까 봐 조심스러웠을 뿐이다.

방안에서 계속 응답이 없자 형사들은 강제로 문을 열고 진입하려 했다. 종로서의 다무라 형사가 앞장섰다. 유도 2단으로 완력이

세고 날래기로 유명한 다무라는 이번 기회에 자신의 실력을 보여주려는 듯했다. 그가 문고리를 힘껏 낚아채자 문짝이 순식간에 떨어져 나갔다.

문짝이 떨어져 나가면서 잠시 균형을 잃고 주춤하던 다무라는 이내 곧 중심을 잡더니 방 안으로 뛰어들었다. 유도로 단련된 다무라는 범인과 맞닥뜨렸을 때 제압하는 솜씨가 뛰어났다. 어떤 범인이건 단숨에 덮쳐 결박할 수 있을 것 같았다. 하지만 그것은 오판이었다.

그가 덮치려는 순간 김상옥이 용수철처럼 튀어오르며 다무라의 가슴팍을 힘껏 찼다. 김상옥은 키가 작았지만 어려서부터 대장간 일로 다져진 다부진 체격과 힘을 갖고 있었다. 몸도 아주 재빨라서 용력이라면 누구에게도 뒤지지 않았다. 다무라는 갑작스런 김상옥의 반격에 뒤로 벌러덩 넘어졌다가 재빨리 다시 일어났다. 그 순간 김상옥의 양손에서 권총이 불을 뿜었다.

거구의 다무라가 외마디 비명과 함께 방 밖으로 나가떨어졌다. 뒤이어 김상옥이 "매부! 아기야! 위험하다. 어서 비켜, 방 안으로 들어가"라고 외치며 마루로 나서자 이번에는 문 옆에 있던 이마세 경부와 우메다 경부가 엉겁결에 달려들었다. 두 사람은 너무 가까운 데다 한꺼번에 덮치면 총을 쏘기가 쉽지 않을 거라 생각하고 한꺼번에 달려들었다.

하지만 김상옥이 빈틈을 줄 리 없었다. 그는 오른손 권총으로 이마세를, 왼손 권총으로 우메다를 동시에 쐈다. 두 형사는 연거푸 비명을 지르며 거꾸러졌다. 김상옥의 무예와 사격 실력을 너무 얕잡아 봤던 게 화근이었다.

김상옥의 비호같은 반격에 눈 깜짝할 사이 형사 셋이 쓰러지자 마당에 대기하던 다른 형사들은 겁에 질려 일부는 대문 밖으로 뛰쳐나가고, 일부는 장독대 뒤에 숨기 바빴다.

그 틈을 타고 김상옥은 마당을 가로질러 담을 타 넘었다. 순식간에 포위망이 뚫린 것이다. 어찌할 바를 모르고 허둥대던 형사들은 상옥이 집 밖으로 나가자 그제야 요란하게 호각을 불며 그가 달아난 쪽으로 권총을 난사했지만 허사였다. 형사들도 집 밖으로 나와 추적하려고 했지만 상옥은 이미 남산 숲 속으로 모습을 감춘 상황이었다.

낭패였다. 최악의 결과였다. 체포조의 다급한 전갈을 받고 모리 서장과 미와 경부보, 종로서 정복순사 200여 명이 뒤늦게 현장으로 달려왔다. 순사들은 횃불을 훤히 밝히고 김상옥이 달아난 남산 숲속으로 뒤쫓아 올라갔다. 하지만 발이 푹푹 빠질 만큼 눈이 너무 많이 쌓여 추적이 쉽지 않았다.

다급해진 모리 서장은 그제야 우마노 경찰부장에게 김상옥의 은신처를 덮친 사실과 그를 놓친 사실을 보고하고 지원을 요청했다. 우마노 부장은 대노했다. 다시 한 번 경찰 얼굴에 먹칠을 한 것이다. 그는 모리에게 어떻게든 김상옥을 체포하라고 불호령을

十七日黎明市內某處에서

鐘路署巡査를銃殺

軍의統一策

내렸다.

　수사본부는 즉시 경성시내 각 서에 비상을 걸고 남산 일대로 순사들을 집결시켰다. 종로서 순사들이 남산으로 들어가 김상옥을 추적하는 동안 나머지 지원 병력이 남산을 빙 둘러싸 퇴로를 차단하겠다는 속셈이었다.

　경찰들이 새벽 찬바람을 뚫고 눈 쌓인 남산을 대대적으로 포위하기 시작했다. 이날 총격전으로 목에 총을 맞은 다무라 형사는 현장에서 즉사했고, 이마세 경부는 옆구리와 오른팔, 우메다 경부보는 오른팔에 각각 총상을 입고 병원으로 후송됐다.

　중국 상하이나 만주가 아닌 경성에서 독립투사와 일제 순사들이 총격전을 벌인 것만 해도 일제에게는 쇼킹한 사건이었다. 그런데 범인은 무사히 도주했고, 형사 셋은 죽거나 다쳤다. 이런 소식이 경성 시민에게 알려지면 종로서 폭탄피습 사건에 이어 다시 한번 민심이 동요할까 우려됐다. 총독부는 이날 '삼판통 총격전'에 대해 신문 게재 금지 명령을 내렸다.

　하지만 경성 시민은 17일 아침, 거리 분위기가 심상치 않은 것으로 보아 뭔가 사건이 터졌음을 짐작할 수 있었다. 남산에 이르는 모든 골목길에 무장경찰이 배치되고, 검문검색이 강화되면서 경성 시민의 긴장감도 높아졌다. 그러나 시민도 언론도 눈 덮인 남산에서 구체적으로 어떤 일이 벌이지고 있는지는 알 수 없었다.

　〈동아일보〉는 사건 발생 이틀 후인 19일에서야 '17일 여명 시내 모처에서 종로서 순사들 총살'이라는 제목으로 다음과 같은 간단한 사실만 전했다.

"17일 오전 5시경에 경성시내 00동 모의 집에 무기를 가진 범인이 잠복한 것을 알고 경관 수명이 그를 체포하기 위하여 모처에 이르렀다가 범인과 충돌하여 종로서의 다무라 순사는 권총에 맞아 현장에서 즉사하고, 종로서 이마세 경부는 중상, 동대문서 우메다 경부보는 경상을 당하였으며 범인은 현장에서 도주했다."

〈동아일보〉 1923년 1월 19일, '17일 여명 시내 모처에서 종로서 순사들 총살'

scene **80** 1923

눈 덮인 남산
포위망을
뚫고

종로서 체포대를 따돌리고 남산으로 피신한 김상옥은 한참을 달린 후에야 걸음을 멈추고 뒤를 돌아봤다. 멀리 산 밑 고봉근의 집 일대에 순사들이 횃불을 훤하게 밝히고 있는 게 보였다. 누이 내외한테는 처음부터 만일의 사태에 대비해 이번 경성 잠입의 목적과 사이토 암살 계획 등을 일절 알려주지 않았다. 그저 시골에서 피물皮物 장사를 하며 돌아다니다 왔다면서 얼마간 머물겠다고만 말해놓았다 그래서 더욱 아무 영문도 모르는 누이 내외가 순사들에게 모진 고초를 당할 것을 생각하니 마음이 무거웠다. 그리고 공들여 추진하던 사이토 암살 계획이 이렇게 수포로 돌아간 것도 몹시 분했다.

김상옥이 멈춰선 곳은 삼판통에 가까운 남산 서편 등선이었다.

남산 북쪽 방면은 진고개(충무로)로 불리는 일본인 거주지역이 형성돼 있었다. 조선시대에는 원래 불우한 양반들이 모여 살던 곳(남촌)이었는데 이제는 일본 상인과 관료들이 주로 살고 있다. 조선총독부 건물도 당시에는 경복궁 앞으로 옮기기 전이어서 왜성대 부근(지금의 남산 북쪽 드라마센터 부근)에 자리 잡고 있었다. 당시 총독부는 남산 중턱의 13만 평 땅에 조선신궁을 짓는다며 산을 깎아 도로를 만들고 있었다.

따라서 경찰 추격을 피하려면 그쪽 방면을 피해 소나무 숲이 울창하게 우거진 남산 남동쪽으로 도망치는 수밖에 없었다. 하지만 한 치 앞도 분간하기 어려운 어두운 새벽에 눈보라까지 부는 데다 발이 푹푹 빠질 정도로 눈이 쌓여 걸음을 옮기는 것조차 쉽지 않았다.

게다가 새벽의 산속 추위는 너무 혹독했다. 살점이 금방이라도 떨어질 것 같았다. 상옥은 워낙 갑작스럽게 벌어진 격투여서 미처 신발도 신지 못하고 버선발로 뛰어나왔다. 얼마 도망치지 못해 그 버선마저 다 헤어져 맨발이 훤히 드러났다. 걸음을 옮길 때마다 살을 에는 듯한 고통이 엄습해왔다.

그러나 잠시도 지체할 수 없었다. 곧 경찰이 대대적으로 추격에 나설 것이다. 그들 손에 잡히지 않으려면 날이 밝기 전에 서둘러 남산을 빠져나가야 했다. 동이 트면 발자국을 숨기기 어려워 경찰의 추적을 더욱 따돌리기 어렵게 되기 때문이다.

상옥이 믿을 수 있는 것은 자신의 몸뿐이었다. 암살단 시절 동지들과 북한산에서 훈련할 때도 산을 타고 넘거나 힘을 써야 하는 일에선 상옥을 당할 자가 없었다. 상옥은 단원 중에 나이가 많은 축에 들었지만 늘 1등을 놓치지 않았다.

그의 체력과 관련해 이런 일화도 있었다. 그는 상하이 망명시절에도 유사시를 대비해 늘 체력단련을 열심히 했다. 그런데 그 훈련 모습이 무척 기이했던 모양이다. 주로 자신의 양편에 신문지를 두둑하게 쌓아놓고 그 가운데 서서 두 주먹으로 번갈아가며 내려치는 연습이었다. 대장간에서 망치질하는 모습과 유사했다.

> "하루는 조소앙이 웃으면서 "그게 무슨 짓이오?"하고 물었다. 그러자 상옥은 빙그레 웃으며 "팔뚝의 힘을 똑바로 가져야 유사시에 일본 놈들과 싸울 게 아니요?"라고 대답했다. 그렇게 이틀 동안만 하면 신문지 뭉치가 풀솜처럼 되고 말았다."
>
> 《서울 한복판 항일시가전의 용장 김상옥 의사》 232쪽

그렇게 다져진 체력 덕분에 상옥은 지쳐 쓰러지지 않고 앞으로 계속 나갈 수 있었다. 하지만 눈 덮인 산속에서 길을 찾기란 여간 어려운 게 아니다. 다행히 상옥은 어린 시절 삼판통의 남산 소나무 숲을 지나 한강리漢江里까지 가본 경험이 있었다. 그는 희미한 기억을 되살려 한강리 방면으로 방향을 잡았다.

그 시각 경찰 상부는 시내 각 경찰서의 가용 병력을 총동원해 남산을 완전 포위하고 '토끼몰이식 추격전'을 벌이도록 지시했다. 남산과 이어지는 주요 길목마다 무장한 정복순사들을 배치하고 민간인의 남산 출입을 완전 통제했다. 또한 경찰 수색대를 남산에 들여보내 숲속 눈 위에 남겨진 감상옥의 발자국을 추적하도록 했다. 우마노 경찰부장은 "강철로 된 몸이 아닌 이상 이런 눈 덮인 산속에서 얼마 버티지 못할 것이다"라며 회심의 미소를 지었다.

총독부는 이 사건 발생 후 두 달이 지난 1923년 3월 15일에서야 보도통제를 풀었다. 그날 〈동아일보〉는 호외를 통해 삼판통 총격전 직후 경찰의 긴박한 움직임을 이렇게 기사화했다.

"즉시 각 경찰서 정복 순사 1000여 명을 풀어 그가 도망한 남산을 나는 새도 빠지지 못하게 에워싸고 눈 쌓인 남산 전부를 수색하고 일변 수백명 경관은 왕십리 일대와 광희정 일대를 수색하며 기마순사가 총검을 번쩍이며 삼판통 일대를 경계하니 실로 금시에 경성 시내 일대는 전시 상태와 같았다."
〈동아일보〉 1923년 3월 15일. '설중의 남산 포위'

상옥이 울창한 소나무 숲을 겨우 벗어나자 눈앞에 낭떠러지가 나타났다. 말로만 들었던 서빙고 채석장이었다. 이곳에서 한강리는 그리 멀지 않았다. 그는 곧 한강리가 나타날 것이라는 생각에

남산 중턱에서 바라본 조선총독부 모습
총독부는 1926년 경복궁 앞으로 이전하기까지
남산 북쪽에 자리잡고 있었다.

더욱 발걸음을 재촉했다. 그때였다. 순간적으로 한쪽 발이 쭉 미끄러지더니 그대로 절벽 아래로 떨어지고 말았다. 채석장의 날카로운 돌무더기 위로 떨어지면 그대로 죽을 수도 있는 아찔한 상황이었다.

하지만 상옥은 천만다행으로 침대처럼 평평한 바위 위로 떨어졌다. 바위 위에 눈이 많이 쌓여 있어 떨어질 때의 충격도 크게 줄일 수 있었다. 몸 이곳저곳을 만져보니 다행히 다친 곳은 없었다. 겨우 몸을 추스르고 또 다시 눈밭을 걸었다.

얼마 가지 않아 민가 몇 채가 보였다. 한강리에 당도한 것이다. 그러나 어렵게 한강리까지 왔지만 마땅히 도움받을 곳을 찾기 어려웠다. 이런 새벽에 낯선 이의 방문을 반길 곳이 있을 리 만무했다. 그렇다고 이곳에서 오래 지체할 수도 없었다. 경찰 수색대가 눈 위에 난 발자국을 따라 조만간 이곳까지 당도할 것이기 때문이다.

김상옥은 다시 남산 동북쪽의 장충단 방향으로 걷기 시작했다. 장충단 고개를 넘으면 상옥이 태어나고 자란 동대문과 창신동이 멀지 않았다. 그곳에 가면 어떻게든 지인들의 도움을 받을 수 있을 거라 생각했다.

눈 쌓인 비탈길을 따라 한참을 올라갔다. 발은 꽁꽁 얼어버렸는지 아무 느낌이 없었다. 그저 무의식적으로 걸음을 내딛고 있을 뿐 정신마저 점차 희미해졌다. 이마와 등줄기에는 땀이 흥건했다. 체력적으로 한계상황에 도달한 것이다. 그는 눈밭에 털썩 주저앉

눈 덮인 남산 포위망을 뚫고

고 말았다.

그때 어머니와 아내, 아들 등 남겨진 가족의 얼굴이 떠올랐다. 김상옥은 경성 잠입 후 창신동 집에 한 차례 은밀히 찾아간 적이 있었다. 경찰의 감시가 무서웠지만 이번 투쟁계획에서 볼 때 어쩌면 마지막으로 얼굴을 보게 될지 모른다는 생각에 어머니와 아내를 만나고 싶었다. 상옥은 그때 어머니에게 "이번엔 단판씨름을 하러 왔습니다"라고 비장한 결심을 털어놨다. 그의 어머니는 단판씨름의 구체적 내용도 모른 채 그저 아들이 위험할 것 같다는 두려움에 하염없이 눈물만 흘렸다.

김상옥은 본격적으로 독립운동에 뛰어들기 전인 1918년 무렵만 해도 영덕철물상회를 운영해 3, 4만 원이라는 거액을 모았다. 당시 2층집 한 채가 약 8000원 정도였으니 상당히 큰돈이었다. 그 돈이면 상옥 일가는 경제적으로 큰 어려움 없이 살 수 있었다. 하지만 그가 독립운동에 투신한 뒤 사정은 달라졌다. 자신이 망명자로 전락한 것은 물론이고 가족까지 경찰에 여러 번 잡혀가 온갖 고초를 당했고, 가세도 크게 기울었다.

이미 고난을 각오하고 시작한 독립운동이었지만 상옥은 늘 가족에게 미안할 수밖에 없었다. 그래서일까. 상옥의 마음속에서는 이렇게 허무하게 눈 속에서 얼어 죽는 것으로 끝낼 수는 없다는 오기가 끓어올랐다. 가족과 동지들에게 약속한 대로 일제의 간담을 서늘케 할 '단판씨름'을 벌이려면 이렇게 나약해서는 안 된다.

상옥은 다시 한 번 온몸에 힘을 모아 일어섰다.

저 멀리 동쪽 하늘이 조금씩 환해질 때쯤 김상옥은 장충단 고개 마루턱에 도달했다. 이제 조금만 더 가면 남산에서 벗어날 수 있다. 언덕 내리막길을 성큼성큼 뛰어 내려가던 상옥은 어느 순간 눈 속 깊이 발목이 빠지는가 싶더니 그만 몸 중심을 잃고 미끄러졌다. 언덕길이어서 눈 위에서 몇 번이나 뒹굴어야 했다. 그 바람에 품속에 고이 넣어둔 권총 두 자루가 자기도 모르게 튕겨 나왔다. 뒤늦게 정신을 차리고 권총을 찾아봤지만 하얀 눈밭만 보였다. 눈 속 어디엔가 깊게 파묻힌 것 같았다.

몸을 일으켜 눈밭에서 권총을 찾기 시작했다. 처음 미끄러진 곳부터 계속 눈 속을 더듬었지만 권총은 흔적도 찾기 어려웠다. 초조하게 시간이 흘러갔다. 이렇게 시간을 지체하고 있을 수만은 없었다. 이미 사방이 환하게 밝아오고 있었다. 멀리 언덕 너머에서 여러 무리의 인기척이 느껴졌다. 경찰 수색대가 가까이 온 것이다. 상옥은 일단 권총 찾는 일을 멈추고 다시 뛰기 시작했다.

상옥은 다행히 얼마 가지 않아 작은 암자 한 채를 발견했다. 지금의 금호동 부근(당시에는 행정구역상 왕십리 인근)에 있는 안장사安藏寺라는 조그만 사찰이었다. 김상옥은 일단 도움을 얻을 요량으로 무작정 이 암자로 들어갔다.

때마침 동승들이 부엌에서 아침밥을 짓고 있었다. 상옥은 다급한 목소리로 밥을 달라고 부탁했다. 동승들은 솥에서 쌀이 끓는

중이어서 좀 더 기다려야 한다고 했다. 하지만 허기에 지친 상옥은 기다릴 여유가 없었다. 펄펄 끓고 있는 생쌀이라도 꺼내달라고 청했다. 동승 하나가 마지못해 바가지로 끓고 있는 생쌀을 건져내 찬물을 섞어 상옥에게 건넸다. 상옥은 부엌 바닥에 주저앉아 그 생쌀을 호호 불어가며 허겁지겁 허기를 달랬다.

어느 정도 허기가 가시자 상옥은 그제야 자기 몸 상태를 찬찬히 살펴보았다. 버선이 다 헤어져 발은 온통 상처투성이였다. 몸에도 여기저기 긁힌 자국이 보였다. 입고 있는 옷도 모두 땀과 눈에 젖어 있었다. 이런 몰골로는 계속 도망가기 어려웠다.

김상옥은 암자의 주지 김봉암金峰岩에게 "도박을 하다 경찰에 쫓기고 있다"면서 양말 한 켤레와 승복, 짚신, 송낙(소나무 겨우살이로 엮어 만든 여승의 모자)을 빌려달라고 부탁했다. 김봉암은 그가 도박꾼이라는 말을 믿지 않았지만, 상옥의 말과 행동에서 범상치 않은 기운을 느끼고 기꺼이 도와줬다.

그 덕분에 상옥은 새벽 불공을 드리러 가는 중으로 변장하고 산길을 무사히 내려갈 수 있었다. 경찰이 눈 위에 찍힌 발자국을 보고 추격해올 것을 염려해 절부터 짚신을 거꾸로 신고 내려왔다. 이 때문에 경찰은 암자에 이르러 상옥의 발자국이 사라진 것을 보고 잠시 혼란에 빠졌다. 수색대가 속았다는 것을 알았을 땐 이미 상옥이 남산 포위망을 빠져나가 왕십리에 당도한 뒤였다.

scene 69
1923

잔뜩 독기를
품은 경찰

이날 경기도 경찰부에 설치된 수사본부의 분위기는 험악했다. 동이 튼 지 한참이 지났는데도 남산에 들어간 추격대한테서는 아직 아무런 연락이 없었다. 남산을 빙 둘러싼 경비 병력들도 김상옥의 그림자조차 볼 수 없었다.

'이대로 놓치고 마는 건가!' 우마노 경찰부장의 얼굴은 잔뜩 굳어 있었다. 종로서 폭탄피습 사건 초기만 해도 취재기자들에게 "별일이 없어 너무 안온하니 일종의 자극제로 알아두자"며 짐짓 여유를 부리던 우마노였지만 이제 그런 여유는 완전히 사라졌다. 경성 한복판 종로서가 폭탄공격을 받은 데 이어 닷새도 안 되어 이번에는 종로서 순사가 유력 용의자의 총에 맞아 죽게 됐으니 속이 편할 리 없었다. 다행히 사이토 총독이 이날 아침 도쿄로 떠났기에 망정이지 아니었으면 면전에서 심한 질책을 받았을 게 뻔했다.

김상옥을 눈앞에서 놓쳐버린 종로서의 체면은 더욱 말이 아니었다. 독안에 든 쥐라고 생각했는데 경관 하나가 죽고 둘이 중태에 빠졌다. 김상옥을 너무 얕잡아보고 달려들었다가 망신을 당한 것이다.

김상옥은 지금껏 종로서가 다룬 일반적인 독립운동 사상범과 달랐다. 그전에 상대한 독립운동가들은 벽면서생白面書生에 가까웠다. 자신들 앞에서 저항하더라도 쉽게 제압할 수 있었다. 그러나 김상옥은 무인武人에 가까웠다. 그는 경찰 서너 명쯤은 우습게 제압할 수 있을 만한 무예와 담력을 갖추고 있었다. 아무리 뛰어난 경찰이라도 그를 우습게 보고 달려들었다가는 큰코다칠 수 있었다.

시계는 벌써 오전 10시를 향해가고 있었다. 여전히 수색대에선 아무런 전갈이 없다. 정복순사 1000여 명을 풀어 남산을 에워싼 지도 이미 세 시간째인데 김상옥의 행방은 오리무중이었다. 벌써 포위망을 뚫고 나간 게 분명했다.

수색대의 추적과 경찰 포위망이 효과를 발휘하지 못하자 경찰 내부에선 이번 사건의 처리를 놓고 비판이 제기됐다. 특히 종로서가 공명심에 눈이 멀어 삼판통의 관할 경찰서인 용산경찰서에 일언반구 통보도 없이 단독으로 체포 작전을 벌인 것을 놓고 말이

잔뜩 독기를 품은 경찰

많았다.

> "애를 쓰다가 실패를 보고 분개하는 판에 괘씸스럽게도 (-그 삼판통 관할인 용산경찰서에서는 항의를 제출했다. 항의 내용은 그 범인을 놓친 것은 남의 관내에 일편의 통지도 없이 들어와서 남 몰래 공을 세우려던 까닭이라는 것이었다-) 항의를 받은 서장 이하의 분개가 절정에 달했으나 용산서의 항의에도 일리가 있는 바이며, 또한 종로서는 공로를 독차지하려고 경찰부에도 알리지 않고 비밀히 출동하였던 것임으로 정면으로 큰소리도 내지 못하고 말았다."
>
> 〈동아일보〉 1929년 9월 15일, '종로서 타령(10)'

지금도 그렇지만 그 당시도 경찰은 관할구역(나와바리) 개념이 철저했다. 형사들이 수사를 위해 다른 경찰서 관내에 들어갈 때는 사전통고를 해주는 게 관례였다. 김상옥은 중대 용의자인 만큼 종로서가 삼판통 관할서인 용산서에 연락해서 미리 협조를 요청했더라면 놓치지 않았을 거라는 게 용산서의 주장이었다.

모리 서장은 용산서가 폭탄피습으로 곤궁에 처한 종로서의 사정을 모르지 않을 텐데 이렇게 비판하고 나서니 기분이 상했지만 뭐라고 반박도 하지 못했다. 다행히 우마노 경찰부장이 모리 종로서장의 섣부른 행동을 꾸짖고 다시는 이런 일이 있어서는 안 된다고 엄중 경고하는 선에서 논란은 마무리됐다. 평소에 우마노 부장

1920년대
동대문

이 모리 서장을 특별히 총애하고 있었기 때문에 그나마 파문이 더 커지지 않을 수 있었다.

특별수사대장 미와 경부보도 입장이 난처하기는 마찬가지였다. 어렵게 김상옥의 은신처를 알아내 종로서에만 먼저 알려줬다가 체포 작전이 실패하는 바람에 자신도 책임을 피하기 어렵게 됐기 때문이다. 사건을 빨리 해결하라는 상부의 독촉이 심해질 게 뻔했다.

미와는 상옥의 행방을 추적하기 위해 그의 누이동생 내외, 어머니, 처, 아우 김춘원 등 가까운 친족들을 모두 종로서로 연행해 취조하기 시작했다. 가족들이 쉽게 입을 열지 않자 평소 버릇대로 고문을 가했다. 그러나 누구 하나 김상옥의 행방에 대해 입을 열지 않았다. 미와가 웬만큼 고문을 가하면 다 실토하게 돼 있는데 이렇게까지 버티는 것으로 보아 가족들은 김상옥의 잠입 목적과 이후 행동계획을 잘 모르는 것 같았다.

경찰 수색대는 남산 소나무 숲속에 남겨진 김상옥의 발자국을 따라 한강리까지 쫓아갔다. 하지만 그곳에서 김상옥의 발자국이 갑자기 남산 동북쪽으로 방향을 꺾더니 장충단 고개를 넘어가자 그 발자국조차 자취를 감췄다. 김상옥이 짧은 시간에 눈밭에서 이렇게 멀리까지 움직였을 줄은 경찰도 미처 몰랐다. 상대는 보통내기가 아니었다.

경찰은 장충단 부근에서 김상옥의 발자국이 갑자기 사라지자 그가 남산을 벗어나 경성 시내로 들어갔다고 판단했다. 그래서 장충단에서 가까운 동대문과 왕십리 일대, 김상옥 본가가 있는 창신동 일대로 경찰 병력과 밀정을 풀어 검문검색을 강화했다.

"경찰 당국에서는 범인이 양주로 도주했다는 말이 있으므로 망우리 고개를 수색하고, 일면 김상옥의 친족이 사는 포천읍내 김응집 외에 여러 사람의 집을 수색한 후 경계했으며, 일면 사복형사를 수백 명이나 늘어놓아 동대문 밖 김상옥의 가족은 물론 먼촌 친척까지 불러서 엄중 취조하고 일면 혐의자를 체포, 일경은 김상옥의 은신처를 찾으려고 혈안이 됐으나 쉽사리 발각되지 않았던 것이다."

날이 밝자 경성 거리는 출근길 시민들로 북적이기 시작했다. 시민들은 이른 아침부터 남산으로 통하는 거리 곳곳에 무장한 정복 순사들이 배치된 모습에 놀랐다. 순사들의 긴박한 표정으로 봐서 밤새 종로서 폭탄피습에 이어 뭔가 또 큰 사건이 터진 게 분명했다. 하지만 언론보도가 철저히 차단되어 사건 발생 이틀 후인 1월 19일까지 경성 시민들은 삼판통 총격전 소식을 전혀 알 수 없었다.

승복 차림으로 남산을 빠져나온 김상옥은 그곳에서 가장 가까운 지인의 집을 찾기로 했다. 때마침 어린 시절 대장간에서 일할 때 한문을 가르쳐주던 노인이 왕십리에 살고 있던 게 생각났다. 김상옥은 그 집에 들러 아침밥을 얻어먹고, 버선과 신발을 갈아 신은 뒤 나왔다.

상옥은 왕십리 거리에 순사들이 깔리기 시작하는 것을 보며 발걸음을 재촉했다. 승복을 입고 있어 눈을 피할 수 있었지만 계속 시내에 머물다가는 위험할 수 있었다. 그는 마장동 개천을 건너 청량리 쪽으로 가서 영도사永道寺 뒤 고개를 넘어 곧바로 미아리 밖 무내미(지금의 수유리 근처)에 있는 이모집으로 달아났다. 상옥의 이모는 오랜만에 나타난 조카를 반겼다. 다행히 이모는 삼판통 총격전 소식을 전혀 모르고 있었다. 경찰의 추적이 아직 그곳까지 미치지 못한 것이다.

경찰은 아직 상옥이 경성 시내를 빠져나가기 못한 것으로 판단해 동대문 일대를 중심으로 수색 작전을 펼치고 있었다. 김상옥은 경찰 포위망을 따돌린 김에 아예 이대로 북쪽 지방으로 달아나 중국으로 탈출하거나 아니면 강원도 금강산의 암자로 숨어버리면 모든 게 잠잠해질 것만 같았다.

하지만 그럴 수는 없었다. 임정 요인들과 의열단장 김원봉과 한 약조를 어떻게든 지키고 싶었다. 여기서 이대로 물러설 수는 없었다. 더구나 자신 때문에 가족은 물론이고 이번 거사를 도와준 많은 동지들이 당할 고초를 생각하면 금방이라도 피가 거꾸로 솟는 것 같았다. 그들을 이대로 놔두고 혼자만 살겠다고 도망칠 수는 없었다. 상옥은 다시 경성으로 돌아가리라 마음먹었다.

물샐 틈 없는 수색 작전을 펼쳤는데도 경찰은 오후가 되도록 김상옥의 행방에 대해 아무런 단서도 잡지 못했다. 수사가 지지부진하자 초조해지기 시작한 미와는 이날 오후 뜻밖의 단서 하나를 입수했다.

삼판통에서 시작된 김상옥의 발자국을 따라 정밀수색을 벌이던 순사들이 남산 소나무 숲속 눈밭에 떨어진 편지봉투 하나를 발견한 것이다. 아무래도 김상옥이 도주하던 중 엉겁결에 흘린 것 같았다. 물기에 젖어 글씨가 약간 번져 있는 이 편지봉투가 앞으로 경성에 어떤 파란을 몰고 올지 그때까지는 아무도 알지 못했다.

모제르 7연발,
방아쇠를 당겨라

경찰의 남산 포위망을 뚫고 오느라 피곤했던지 김상옥은 무내미 이모집에서 잠시 눈을 붙였다. 해질 무렵 일어나 저녁밥을 얻어먹고 다시 미아리 고개를 넘어 경성으로 향했다. 경성에 남아 있는 가족과 동지들에게 자신의 무사함을 알리고 향후 대책을 숙의할 예정이었다.

경성으로 들고나는 주요 길목마다 이미 정사복 순사들이 쫙 깔려 있었다. 그들은 행색이 조금이라도 의심되는 사람이 있으면 멈춰 세워서 신원을 확인했다. 상옥이 다시 경성으로 들어가려면 동소문을 지나야 했는데 그곳에도 이미 사복 경찰 두 명이 배치돼 있었다.

상옥은 순간적으로 기지를 발휘했다. 그때까지 안장사에서 빌린 승복을 입고 있던 김상옥은 때마침 나무바리(나무로 만든 바리때. 승려의 밥그릇으로 쓴다)를 가득 싣고 지나가는 마차를 발견하고 그 옆에 바짝 붙어서 동소문을 통과했다. 순사들은 그를 시주 갔다가 나무바리와 함께 돌아오는 중으로 알았던지 아무런 제지를 하지 않았다.

무사히 경성에 들어왔으니 이제 숨을 곳을 찾아야 했다. 동지들의 집으로 피할까 생각해봤지만 위험했다. 이미 고등경찰이나 밀정들이 김상옥의 옛 동지들 집까지 파악하고 매복해 있을 가능성이 높았다. 경찰이 아직 파악하지 못한 지인이 있는지 곰곰이 생각해봤다. 이혜수李惠秀가 생각났다.

이혜수는 김상옥이 동대문 교회를 다니던 시절부터 교회 일로 잘 알고 지내던 사이였다. 김상옥이 〈혁신공보〉를 발행하던 시절에는 신문 배달과 정보 연락 등을 도와주기도 했다. 특히 김상옥이 상하이로 망명한 뒤에는 애국부인 단원들과 함께 자금을 푼푼이 모아 군자금으로 보내주기도 했다. 하지만 이 모든 일을 워낙 조심스럽게 처리했기 때문에 경찰은 그녀가 김상옥과 관련돼 있다는 것을 알지 못했다. 그래서 그녀의 집에 숨는다면 다른 동지들 집에 비해 비교적 안전할 것으로 생각했다.

김상옥은 그 길로 효제동 73번지 이혜수의 집을 찾아갔다. 갑자기 찾아온 김상옥의 낯선 행색을 보고 이혜수는 의아해했다. 그녀는 그날 새벽 삼판통에서 벌어진 총격전 소식을 까맣게 모르고 있었다.

상옥이 삼판통 총격전과 남산 포위망 탈출 이야기를 들려주자 이혜수는 그제야 사태의 전말을 알고는 깜짝 놀랐다. 용감하게 일제에 맞서 싸운 상옥이 더 없이 장하기도 하고, 또 한편으로는 그의 신변이 몹시 걱정됐다. 경찰이 그를 잡으려고 혈안이 돼 있을 게 불 보듯 뻔했기 때문이다. 이혜수는 상옥이 당분간 몸을 피할 수 있게 건넌방을 내줬다.

새벽 삼판통에서 총격전을 벌이고 다시 눈 덮인 남산을 맨발로 넘어 수유리 방면까지 탈출했다가 저녁에 되돌아온 만큼 김상옥의 몸 상태는 정상이 아니었다. 따뜻한 방에서 하룻밤을 자고나자 발이 퉁퉁 부어올랐다. 동상에 심하게 걸린 것이다. 잘못하면 발을 잘라내야 할지도 몰랐다. 한시라도 빨리 치료를 받아야 했다. 하지만 경찰이 상옥을 찾겠다고 시내 곳곳을 휘젓고 다니는 상황에서 함부로 병원에 갈 수는 없었다.

다행히 이혜수의 친구 중에 대학병원 간호부로 일하는 사람이 있어 그에게 동상 치료에 좋은 약을 얻을 수 있었다. 이혜수가 직접 김상옥의 동상 부위에 약을 발라줬다. 동상 부위가 아팠지만 이렇게 며칠 더 치료하면 상태가 호전될 것 같았다.

동상 약을 바른 상옥이 잠시 한숨 돌리려는 순간 불현듯 새벽 동틀 무렵 장충단을 넘어오다 눈 속에 흘린 권총 두 자루가 생각났다. 그대로 눈 속에 놔둘 수는 없었다. 상옥은 이혜수에게 총을 잃어버린 장소를 자세히 가르쳐주고 찾아달라고 부탁했다. 경찰의 눈에 띄면 위험해질 수 있지만 이혜수는 여장부답게 흔쾌히 승낙했다.

예상대로 효제동부터 장충단에 이르는 길목마다 경찰이 깔려 있었다. 다행히 이혜수가 여성이라서 특별히 의심을 품는 경찰은 없었다. 장춘단까지 불심검문 한번 걸리지 않고 무사히 갈 수 있었다.

이혜수는 상옥이 알려준 장충단 부근의 눈밭에 당도하자 혹시 지켜보는 사람이 없는지 주변을 살핀 뒤 조심스럽게 눈 속 여기저기를 뒤졌다. 다행히 권총 한 자루는 얼마 지나지 않아 찾을 수 있었다. 그러나 나머지 한 자루는 아무리 찾아도 발견되지 않았다. 초조하게 시간이 흘러갔다. 행인들의 눈길도 신경 쓰지 않을 수 없었다. 할 수 없이 한 자루만 찾은 채 되돌아와야 했다.

이때 이혜수가 끝내 찾지 못한 권총 한 자루의 행방은 사건 발생 1년이 지난 1924년 10월 9일자 〈시대일보〉와 〈동아일보〉 사건 기사에 등장한다.

"고양군 한지면 한강리 이만길은 작년 삼월경에 시내 장춘단 남소영 앞 길거리 눈 속에서 탄환까지 재인 육혈포 한 자루를 습득하여 자기 집 동네 어떤 바위 밑에 감추어두고 작자를 만나면 팔고자하여 은근히 살 사람을 찾아다니다가 요사이 어느 곳에 작자가 있다는 말을 듯고 팔고자 하던 것이 발각되어 시내 동대문 경찰서원의 손에 검거되어 취조를 받고 있다."

〈시대일보〉 1924년 10월 9일, '김상옥의 육혈포를 어디서 팔랴다가 동대문서에 잡혀'

"이 권총은 김상옥이가 삼판통에서 다무라 순사를 사살한 9연발 브라우닝 식으로 그때에 김상옥이가 경관에게 쫓기여 남산을 넘어 장충단 방면으로 달아나다 눈 위에서 미끄러질 때에 눈 속으로 떨어져서 없어진 것을 한참동안 찾다가 추격이 심함으로 그대로 달아난 것이라는 데 이 말은 김상옥이가 죽기 전에 이혜수에게 말한 것이라더라."

〈동아일보〉 1924년 10월 9일, '권총 분실의 내막'

아무튼 그날 이혜수가 눈 속에서 찾아온 권총은 모제르 7연발 권총이었다. 상옥은 두 자루 권총 중 특히 이 총을 아꼈다. 그는 그날 저녁 눈 속에 파묻혀 있던 탓에 물기에 젖은 권총을 분해해 정성스레 손질했다. 총을 닦는 모습이 마치 귀중한 보물 다루듯 했다. 그도 그럴 수밖에 없는 것이 이 총에는 김상옥이 죽는 날까지 잊을 수 없는 각별한 사연이 담겨 있었다.

3년 전 암살단 사건이 터진 후 경찰은 김상옥의 어머니, 처, 형수, 아우 춘원 등 가족과 친지들을 연행해 온갖 고문을 저질렀다.

상옥이 이미 중국 상하이로 망명한 것을 몰랐던 경찰은 가족들이 그의 은신처를 알고 있을 것이라는 생각에 지독한 고문을 가했다.

그 가운데서도 특히 심하게 고통을 겪은 사람은 스물네 살의 여성 동지 장규동이었다. 그녀는 〈혁신공보〉 발행과 자금 모집 과정에서 김상옥을 위해 수고를 아끼지 않았던 사상적 동지였다. 그녀는 김상옥과 함께 독립운동을 하면서 그의 인품과 열정에 반해 연인 사이가 되었다.

경찰은 장규동이 김상옥의 동지이자 둘째부인이라고 알고 있었기 때문에 그의 행방을 누구보다 잘 알 것으로 보고, 유독 그녀를 닦달했다. 그녀는 그 과정에서 여성으로서, 한 인간으로서 도저히 견디기 힘든 수모를 당해야 했다.

> "형사들은 "너는 김상옥의 작은집이니 감상옥이 어디 갔는지 네게만은 꼭 알리고 갔을 것 아니냐?"라며 끈질기게 물고 늘어지며 심한 매질과 고문을 했다. 나중에는 발가벗겨 끌고 다니고 거꾸로 매달아 함부로 때리고 말할 수 없는 모욕을 주었다."
>
> 《서울 한복판 항일시가전의 용장 김상옥의사》 235～236쪽

이런 혹독한 고문에도 장규동은 끝내 상옥의 행방에 대해 입을 열지 않았다. 경찰도 더 이상 어찌해볼 수 없었던지 한 달여 만에 풀어줬다. 그러나 그녀의 몸은 이미 고문 후유증으로 만신창이가

된 뒤였다. 심한 늑막염에 걸려 뼈만 남은 앙상한 몰골이었다.

상하이로 탈출한 김상옥은 1921년 7월 초 임시정부의 군자금을 모금하기 위해 잠시 국내에 잠입했을 때 장규동이 당한 고초를 알 수 있었다. 상옥은 처참한 상태로 병석에 누워 있는 장규동을 보며 너무도 분하고 미안한 마음에 말문이 막혔다. 저런 상태로 국내에 계속 남겨 둘 수는 없었다. 상하이로 데려가 자신이 직접 곁에서 돌봐주고 싶었다.

열흘간 국내에 머물며 서울, 충청도, 전라도 등지에서 임시정부 독립운동 군자금을 모금한 김상옥은 상하이로 귀환하는 길에 장규동을 부축해 데리고 갔다.

두 사람은 김구, 조소앙, 이시영, 김원봉 등 임시정부 요인들의 환영을 받으며 상하이에 도착했다. 상옥은 상하이 양수포楊樹泡에 셋집을 얻어 장규동과 함께 살았다. 일제의 마수에서 벗어나 오랜만에 안정을 찾은 장규동은 상옥을 아껴주던 임정 요인들을 집으로 초청해 손수 만든 감주와 약식을 대접하며 고마운 마음을 전했다.

하지만 행복도 잠시, 한번 망가진 장규동의 건강은 좀처럼 회복되지 않았다. 상옥이 그녀의 건강을 되살려보려고 여러모로 노력했지만 허사였다. 오히려 늑막염 증세가 심해지는가 싶더니 결국 폐결핵으로 악화됐다. 1922년 5월 10일 밤 11시, 장규동은 스물다섯 꽃다운 나이로 생을 마감했다. 임종을 지켜본 김상옥은 혼자서 시신을 지키며 그날 밤을 눈물로 지새웠다.

이튿날 장규동의 사망 소식을 듣고 이시영, 조소앙, 윤기섭, 조완구, 신익희 등 임시정부 동지들이 달려와 3일장을 지내기로 하고 장례를 준비했다. 장례비가 없어 고민하던 차에 때마침 백범 김구가 부음을 듣고 장례비조로 중국 돈 100원을 보내왔다.

실의에 빠져 있던 상옥은 그 돈을 보자 관을 사겠다며 혼자 시내로 나갔다. 하지만 그는 관을 사오지 않았다. 그 대신 비장한 표정으로 품속에서 모제르 7연발 권총을 꺼냈다. 관 대신 총을 산 것이다. 장례를 준비하던 임정 동지들은 그런 상옥의 행동을 어이없어 했다.

그러나 그는 동지들에게 결연한 어조로 "사랑하는 내 동지 장규동을 죽인 것은 병마도 아니고 귀신도 아니다. 내 동지를 죽인 것은 바로 일제의 경관이다. 이 총으로 그놈들을 죽여 동지의 원수를 갚겠다"고 말했다.

상옥의 결심을 들은 동지들은 그 심정을 충분히 이해했지만 그렇다고 장규동의 시신을 관도 없이 아무렇게나 묻을 수는 없었다. 하루하루 끼니마저 잇기 어려운 망명객이었지만 각자 주머니를 털어 다시 관을 사왔다. 상옥과 동지들은 장규동을 관에 넣어 다음날 상하이 보산로寶山路 공동묘지에 묻었다.

그래서 모제르 7연발 권총은 김상옥에게 단순히 호신용 무기 이상의 의미가 있었다. 그는 이 총을 볼 때마다 고문 후유증으로

모제르 권총. 항일운동을 그린 소설이나 그림에도 일본군과 교전할 때 많이 사용한 것으로 등장한다

이국땅에서 쓸쓸히 눈을 감은 장규동을 떠올리며 일제를 완전히 타도하고 조국의 독립을 쟁취해 원수를 갚겠노라 몇 번이고 다짐했다.

모제르 권총은 독일제 마우저Mauser C96의 중국 카피 버전을 말한다. 중국에선 '모즐毛櫛'이라고 불렀으며 대한제국 문서에서도 중국식으로 '毛櫛'이라고 표기했다. 중국에서 항일 투쟁을 벌이던 의열단이나 독립군도 이 총을 '모제를 권총' 또는 '싸창 권총'이라며 부르며 즐겨 사용했다. 1920년대 만주지역에서 활동하던 항일무장 단체인 참의부도 일제 경찰의 기록에 의하면 600여 명의 병력 중 5분의 1 이상이 모제르 권총으로 무장하고 있었을 정도였다.

scene 1 1923

폭풍전야의
고요

김상옥은 모제르 권총을 되찾은 18일 저녁, 이혜수의 동생을 시켜 은밀히 전우진 동지를 은신처로 불러들였다.

전우진은 경성우편국에서 우편배달부로 일하고 있었다. 그는 김상옥이 1919년 4월 혁신단을 처음 조직할 당시부터 핵심 조직원으로 가담했다. 그는 특히 우편배달부 신분을 이용해 〈혁신공보〉를 경성 시내 주요 인사들의 집에 배달했다. 경찰도 우편배달부가 그런 유인물을 배달할 줄은 몰랐는지 끝까지 발각되지 않았다. 또한 1920년에는 암살단에도 가입해 활동했다. 그랬기에 김상옥은 전우진을 굳게 신뢰했다. 이번 경성 잠입 후 상하이에서 갖고 온 탄환 궤짝도 그에게 맡겼을 정도다.

전우진은 상옥이 무사한 것을 보고 크게 기뻐했다. 삼판통 은신처가 발각돼 경찰이 추적하고 있다는 것을 알고 지금까지 얼마나 걱정했는지 몰랐다. 경성 시내에 그렇게 많은 경찰이 배치돼 검문 검색을 펼치는 것을 보면 분명히 잡히지 않은 것 같은데 그로부터 연락이 없어서 애를 태우고 있던 터였다.

상옥은 전우진에게 맡겨놓은 탄환 궤짝을 이곳 효제동 은신처로 가져와달라고 부탁했다. 그토록 벼르고 벼르던 사이토 총독 암살이 미수로 끝난 마당에 새로운 싸움을 준비하지 않을 수 없었다.

다음날 아침에는 또 다른 동지 정설교를 만났다. 그도 오랫동안 김상옥과 독립투쟁을 함께해온 동지였다. 김상옥은 그에게 삼판통 사건 경위를 자세히 설명해주고 한강리 소학교 교사로 있는 이창규를 찾아가 경성 내 경찰 움직임을 알아봐달라고 부탁하도록 지시했다. 그가 경찰 내부 사정에 밝은 지인을 많이 알고 있었기 때문이다.

그날 저녁 전우진은 사람들의 눈을 피해 탄환 궤짝을 효제동으로 가져왔다. 궤짝 안에는 탄환과 여분의 권총 한 자루(상하이에서 권총 세 자루를 갖고 왔다)가 들어 있었다. 경찰이 지금 그를 찾겠다고 혈안이 돼 있는 만큼 잠시 숨죽이고 있다가 경찰의 추적이 느슨해지면 다시 한 번 이 권총과 탄환으로 거사를 벌일 생각이었다.

20일에는 이창규가 효제동 집에 와서 경찰의 동태를 상세히 알려줬다. 그는 "삼판통과 남산에서 시작된 왜놈들의 경계망이 차츰 이동해 왕십리, 청량리 방면으로 뻗쳐 오고 있다"고 귀띔했다. 경찰은 수상한 사람이나 가옥이 있으면 가차 없이 수색하고 있었다. 따라서 그는 김상옥도 당분간 외부와 접촉을 끊고 최대한 몸을 숨겨야 한다고 충고했다.

상옥이 이렇게 몸을 추스르면서 동지들을 하나둘 다시 모으고 있는 동안 경부보와 특별수사대는 남산에서 발견한 편지봉투를 기초로 김상옥의 행방을 좇는 강도 높은 탐문수사를 벌이고 있었다. 상옥이 흘리고 간 것으로 추정되는 그 편지봉투에는 낯선 주소가 적혀 있었다. 미와는 그 편지가 상옥의 것이 확실하다면 주소의 주인과 상옥 사이에 어떤 관계가 있을 것으로 판단했다.

실제로 그 주소는 상옥이 중국 상하이에서 경성 잠입을 계획할 때 서신 거래를 하던 사람의 집 주소였다. 미와의 부하들이 극비리에 그 주소로 수소문해 찾아가 봤지만 이미 주인은 다른 곳으로 이사 간 뒤였다. 미와는 부하들을 다그쳐 며칠 동안 집주인의 행방을 찾으려고 애썼다. 마침내 그 주인이 동대문서 관내인 효제동 73번지로 이사 간 사실을 알아냈다.

미와가 찾아낸 그곳은 놀랍게도 이혜수의 집이었다. 상옥이 상하이에서부터 경찰에 노출이 덜 된 이혜수를 통해 국내 동지들과 정보를 주고받았던 것이다. 상옥은 그 편지 가운데 경성을 잠입할 때 필요한 중요한 정보가 담긴 편지 몇 통을 몸에 지니고 있었는데, 경찰에 추격을 받으며 산중에 겉봉 한 통을 흘린 것이다. 상옥은 권총 분실만 신경을 쏟았지 실상 이 편지봉투의 존재는 까맣게 모르고 있었다.

'먹잇감을 구석에 몰 때는 신중해야 한다.' 한번 상옥을 눈앞에서 놓친 미와는 조심스럽게 움직였다. 이혜수가 상옥과 뭔가 관련돼 있다는 것을 감지한 그는 우선 형사들을 풀어 그 집을 주의 깊게 감시토록 했다. 누가 드나드는지 어떤 물건들이 오가는지 등을 꼼꼼히 체크했다. 또한 관할서인 동대문서의 고등계 형사 김창호 등을 시켜 범인 추적을 위한 일반적인 탐문수사인 척하며 이혜수 집을 찾아가도록 했다. 김창호는 이러저러 시시콜콜한 것을 묻는 척하면서 집안의 동태를 살폈다.

그러던 중 우체부 전우진이 최근 이 집을 자주 드나드는 것이 경찰에 목격됐다. 특히 우체부가 수상한 궤짝을 이혜수의 집안으로 운반하는 모습도 확인했다. 전우진이 김상옥의 오랜 동지라는 것을 알고 미와는 뭔가 냄새가 나고 있음을 직감했다.

21일 정오 형사들이 전우진의 집을 덮쳤다. 전우진은 갑작스럽게 연행되면서 상옥에게 위험을 알리지도 못했다. 그는 곧바로 집 근처 동대문 경철서로 끌려가 혹독한 취조를 받았다. 형사들은 그에게 상옥의 행방을 대라고 다그쳤지만 모른다고 완강하게 부인했다.

형사들의 계속된 취조에도 불구하고 별 소득이 없자 전우진을 종로서로 넘겼다. 그곳에선 미와가 전우진을 기다리고 있었다. 고문기술자인 그가 직접 전우진을 심문하기 위해 온 것이다. 앞선 형사들의 취조는 미와의 수준에 비하면 장난이었다. 미와는 전우진이 입을 열지 않자 거꾸로 매달고 코에 물 붓기, 옷을 벗기고 매질하기, 손발 비틀기 등의 처절하고 잔혹한 고문을 가했다. 밤 8시부터 시작된 고문은 자정까지 이어졌다.

전우진은 어떻게든 견디려고 안간힘을 써봤지만 미와의 집요하고 악랄한 고문에 몸과 정신이 서서히 무너져 갔다. 그는 그 자리에서 혀를 깨물고 죽고 싶었지만 재갈이 물려 있었기 때문에 그마저도 어려웠다. 결국 그는 상옥이 이혜수의 집에 은신해 있다는 사실을 자백하고 말았다.

미와는 상옥을 곧 잡을 수 있다고 자신했다. 그러나 삼판통 사건 때처럼 서두르다가는 막판에 일을 그르칠 수 있었다. 종로서에게 먼저 정보를 주는 것도 포기했다. 효제동도 삼판통처럼 다른 경찰서(동대문서) 관할이어서 종로서가 단독으로 작전을 벌일 수 없기 때문이다. 상부로부터 경고 받는 것은 한 번으로 족했다.

미와는 우마노 경기도 경찰부장에게 김상옥의 소재를 보고했다. 직접 경찰부장의 지휘를 받아 체포 작전을 벌이면 실패하더라도 삼판통에서처럼 경찰 내부 잡음은 발생하지 않을 것이기 때문이었다.

수사망이 이렇게 좁혀오고 있는데도 그 사실을 전혀 몰랐던 김상옥은 그 시각 정설교, 이창규 등 몇몇 동지를 이혜수의 집으로 불러 자신의 거취와 투쟁 방향 등을 논의했다. 전우진이 빠진 게 이상했지만 일 때문에 늦는다는 전갈이 있어서 조금도 의심치 않았다.

동지들은 그 자리에서 상옥에게 일단 상하이로 피신할 것을 권했다. 그의 발자취가 왕십리와 동대문 일대에서 사라졌다고 하여, 이 일대를 샅샅이 수색하고 있었기 때문에 언제 경찰이 들이닥칠지 몰랐다. 이런 상황에선 국내에서 계획한 거사를 벌이기는 불가능했다. 따라서 지금은 상하이로 돌아간 후 다시 기회를 봐서 거사를 도모하는 게 안전하다는 동지들의 의견이었다.

그러나 상옥은 자신의 신변이 위험한데도 당초 계획한 여러 투쟁을 실천에 옮기고 싶어 했다. 동지들에게 피해가 가지 않도록 목숨을 던져 싸우겠다고 했다. 어렵게 경성까지 들어왔는데 이렇게 중도에 되돌아가는 일만큼은 피하고 싶다는 것이다.

상옥의 고집을 꺾을 수 없었던 정설교는 "그럼, 은신처라도 경성 밖 안전한 장소로 옮기자"고 권했다. 이미 동대문서 형사들이 이혜수 집을 한 차례 다녀간 것으로 보아 이곳도 더 이상 안전하지 못하다는 판단이 들었다. 경찰 감시망을 피하기 위해선 오늘 당장이라도 경성을 뜨는 게 좋을 것 같았다.

상옥은 "오늘 밤은 진눈깨비가 많이 내리고 안개가 자욱해서 지척을 분간하기 어려운 만큼 내일 날이 밝으면 강원도 쪽으로 떠나 당분간 서울을 뜨겠다”고 말했다. 동지들은 그런 상옥의 뜻을 존중키로 하고 회의를 끝냈다.

그날 회의가 상옥이 이승에서 동지들을 만난 마지막 자리였다. 그날 밤 진눈깨비가 날리는 효제동 하늘은 거대한 폭풍이 밀려오기 직전의 고요에 빠져 있었다.

scene 12 1923

효제동 격전의 서막

특별수사대장 미와의 보고를 받은 우마노 경기도 경찰부장은 즉시 경성 전 경찰에 비상을 걸었다. 종로서와 동대문서 서장에게 김상옥 체포 작전을 맡겨둘 수는 없었다. 그러기에는 이미 사건의 파장이 너무 커져버렸다. 총독부뿐 아니라 본토(일본)에서조차 주목하는 사건이 됐다. 이번에 또 놓친다면 우마노도 자리를 보존하기 어려웠다.

그래서 우마노 부장이 직접 이번 체포 작전의 총지휘관을 맡고 후지모도 보안과장이 부지휘관을 맡기로 했다. 이례적으로 경찰 실세들이 직접 현장 지휘에 나선 것이다.

1923년 1월 22일 새벽 3시 반경. 경성에서는 짙은 어둠과 함께 진눈깨비가 날리고 있었다. 무장순사들을 잔뜩 실은 트럭과 기마

대가 종로 대로를 가로질러 효제동으로 빠르게 이동했다. 시내 4대 경찰서에서 차출된 무장순사 1000여 명이 효제동으로 속속 집결하더니 이내 이혜수의 집을 겹겹이 포위하기 시작했다.

김상옥 체포 작전 지휘부는 사전에 철저한 작전계획을 세웠다. 지난 번 삼판통에서 김상옥을 너무 얕잡아보다가 큰 망신을 당한 만큼 이번에는 절대 같은 실수를 반복하지 않기 위해 물샐틈없는 포위망을 구축했다.

당시 현장을 목격한 생존자들의 증언을 토대로 작성된《서울 한복판 항일시가전의 용장 김상옥 의사》에 따르면, 먼저 권총으로 무장한 형사들이 1선으로 이혜수의 집을 둘러싸고, 그 뒤에 2선과 3선에는 장총을 든 무장순사와 기마 순사대가 배치됐다. 그리고 마지막 4선에는 헌병대와 경찰차가 최종 저지선을 짜고 있었다. 4중 포위망이었다.

1진 형사대는 종로서와 동대문서 형사들로 구성됐다. 하지만 형사대를 구성하기가 쉽지 않았다. 처음에는 지원자를 받으려고 했는데 아무도 선뜻 나서려고 하지 않았다. 삼판통 사건에서 드러난 것처럼 김상옥은 보통내기가 아니었다. 특히 번개 같은 사격 실력은 경찰들도 두려워하지 않을 수 없었다. 이번에도 그를 잡으려고 달려들었다가 삼판통에서처럼 큰 화를 입을 가능성이 있었다. 그러니 형사들이 몸을 사리는 것은 당연했다.

지원자가 없어서 형사대 구성에 차질이 빚어지자 특별수사대장

효제동 격전의 서막

미와 경부보가 직접 형사대 1선에 서기로 했다. 삼판통 사건의 당사자인 종로서 형사들이 결자해지해야 한다는 차원에서 미와가 스스로 우마노 부장에게 청한 것이다.

> "우마노 경찰부장은 즉시 16일 밤중에 종로서와 동대문서의 연합결사대를 조직하기로 하고 지원자를 뽑았다. 그랬더니 경관들 누구라도 자진하여 사지에 들어가고 싶어 하지 않았다. 그러나 직무상 안 갈 수 없는 일이라 종로서에서는 지금 경부, 고등계 주임으로 있는 미와 경부보가 종로서로서 제1선에 서게 되고 지금 고등계 차석으로 있는 당시의 부장 요시노吉野 경부보 등 십수 명이 그 뒤를 따르게 되었다. 그리고 그 뒤로는 안전한 곳을 택하여 우마노 경찰부장, 후지모토藤本 고등과장, 모리森 서장 등이 본격적으로 통솔하고 있었다."
>
> 〈동아일보〉 1929년 9월 15일, '종로서 타령 (11)'

새벽 4시 반경 경찰의 포위망 구축이 완료됐다. 이런 촘촘한 포위망이라면 개미새끼 한 마리도 빠져나가기 어려워 보였다. 경찰 배치 상황을 살펴본 우마노는 흡족한 듯 다음 단계 작전을 지시했다.

포위망 1진에 섰던 형사대 중 체포조 10여 명이 먼저 사다리를 타고 이혜수의 집 지붕 위로 올라갔다. 진눈깨비가 내린 탓에 기와가 몹시 미끄러웠다. 이들은 상옥과 식구들이 눈치 채지 못하도록 살금살금 지붕을 타면서 집 안 동정을 찬찬히 살폈다. 형사들은 집 안에서 별다른 움직임이 없자 지휘부에 배치가 완료됐다는 신호를 보냈다. 이로써 지휘부의 체포 명령이 떨어지면 곧바로 형사들이 진입할 수 있는 만반의 준비가 끝났다.

때마침 이날은 이혜수의 여동생 이창규가 대전에 선생으로 부임하는 날이었다. 6시 반 남대문역에서 대전행 기차를 탈 참이어서 이날 식구 중 가장 먼저 일어났다. 가만히 올려다보니 시커먼 물체 여럿이 지붕 위에서 움직이고 있었다.

화들짝 놀란 그녀는 방에 뛰어들어가 언니 이혜수에게 이 사실을 알렸다. 이혜수가 방문 유리창을 통해 반대편 지붕 위를 살펴보니 시커먼 물체는 다름 아닌 건장한 사내들이었다. 행색이 도둑이나 강도 같지는 않았다. 그렇다면 상옥을 잡으러 온 형사들인 게 분명했다.

이혜수는 조용히 대청마루를 지나 건넌방으로 가 상옥을 흔들어 깨웠다.

"어서 일어나시오. 김 동지, 경찰 놈들이 몰려왔어요."

잠귀가 밝은 상옥은 반사적으로 품속 총을 꺼내며 일어났다.

"지붕 위에 새까맣게 순사들이 깔려 있어요."

상옥이 문틈으로 바깥 동정을 살폈다. 지붕 위에 형사들의 모습이 어른거리고 있었다.

당시 청량리 풍경

"어서 반침半寢 안으로 숨으세요."

이혜수가 떨리는 목소리로 벽장문을 가리키며 말했다.

벽장 안에는 선조 대대로 내려오는 한문책들이 높이 쌓여 있었다. 상옥은 일단 벽장 속 고서더미 뒤로 몸을 숨겼다. 이미 삼판통과 남산에서 생사의 고비를 넘겨본 탓인지 상옥은 놀랍도록 침착했다. 언제라도 응사할 수 있게 두 손에 권총을 꼭 잡고 형사들의 진입에 대비했다.

형사들은 주변이 너무 어두우니 동이 트면 체포 작전을 시작하라는 지휘부 지시에 따라 시간을 보내고 있었다. 하지만 집안 방마다 불이 켜지고 사람들이 부산하게 움직이자 조바심이 났다. 자신들의 지붕 매복을 눈치챈 게 틀림없었다. 잘못하다간 삼판통 때처럼 역습을 당할 수도 있었다. 서둘러 지휘부에 이런 상황을 알렸다.

아직 어둠이 채 가시지 않았지만 더는 지체할 수 없었다. 우마노는 체포조의 상황보고를 받자마자 진입 명령을 내렸다. 미와 경부보가 지붕 위 체포조에 손짓으로 진입 명령을 알렸다. 체포조가 일제히 마당으로 뛰어내리면서 허공에 위협사격을 가했다.

총소리에 놀란 주인 이태성(이혜수의 부친)과 그 가족들이 안방에서 나오자 다짜고짜 한쪽으로 몰아세우더니 포승줄로 결박하기 시작했다. 집 마당은 순식간에 형사들에게 접수됐다.

대문 밖에 있던 미와 경부보 등 나머지 형사들도 전날 체포한 김상옥의 동지 전우진을 앞세우고 마당에 들어섰다. 전우진을 앞장세우면 상옥이 함부로 응사하지 못할 것이라고 생각한 것이다. 형사들은 공중에 위협사격을 하며 건넌방을 향해 "김상옥, 여기 숨어 있다는 거 다 알고 왔다. 당장 나와라!"하고 계속 고함쳤다.

하지만 방 안에선 아무 반응이 없었다. 계속 그런 상태로 기다리는 게 답답했던지 미와 경부보와 체포조 대장인 구라다 경부보가 손짓으로 형사들에게 방문을 열라고 지시했다. 몇몇 형사가 문 앞까지는 다가갔지만 문고리를 당기지 못했다. 삼판통에서 다무라 형사가 방문을 열었다가 상옥에게 사살되었기 때문에 형사들도 겁을 집어 먹은 것이다.

형사들이 모두 주저주저하자 미와가 이혜수 가족에게 직접 문을 열라고 협박했다. 이혜수 가족은 그럴 수 없다고 버텼지만 미와의 계속된 협박에 마침내 열한 살짜리 막내딸 요안이 방문을 열어줬다. 형사들은 긴장된 표정으로 일제히 방 안으로 권총을 겨누었다.

그런데 방 안에는 아무도 없었다. 하지만 이부자리가 흐트러져 있는 것으로 보아 조금 전까지 김상옥이 틀림없이 누워 있었을 것이다. 형사들이 권총을 겨눈 채 방 안으로 천천히 들어갔다.

그 순간 김상옥은 고서더미 뒤에서 벽에 등을 대고 문 쪽을 바라보고 있었다. 아주 짧은 시간이지만 어떤 방식으로 대응하는 게 좋을지 고민했다. 이대로 문을 박차고 나가면서 선제공격을 할 것인지 아니면 적이 문을 열고 들어오면 반격할 것인지 등 여러 생각이 교차했다. 그때 등을 기대고 있던 벽의 느낌이 이상했다. 돌이나 흙벽이 아니라 얇은 널빤지였다. 쉽게 구멍을 뚫을 수 있을 것 같았다.

방 안 곳곳을 둘러보던 형사들의 시선이 자연스레 벽장문을 향했다. 벽장 문고리가 조금씩 흔들리고 있었기 때문이다. 구라다 경부보 등 형사들은 벽장문 양 옆에 섰다. 구라다가 한 부하에게 문을 열라고 했지만 역시 겁먹은 듯 나서지 못했다. 할 수 없이 구라다가 직접 벽장문을 열어젖혔다. 드디어 한판 싸움이 시작됐다.

scene **13** 1923

불을 뿜는 유혈포

마당에서 형사놈들이 이혜수 가족과 전우진을 위협하는 소리를 들었을 때 김상옥은 피가 거꾸로 솟구치는 것 같았다. 금방이라도 뛰어나가 놈들에게 모제르 권총의 뜨거운 맛을 보여주고 싶었다.

하지만 이런 상황에서는 먼저 흥분해선 안 된다는 것 또한 상옥은 잘 알고 있었다. 삼판통 총격전 때처럼 침착하지 않으면 포위망을 뚫고 나가기 어렵다. 더구나 형사들은 교활하게도 이혜수 가족과 전우진을 앞장세우고 있지 않은가! 섣불리 총격전이 벌어지면 그 사람들이 엉뚱하게 피해를 입을 수 있었다. 어쩔 수 없이 총격전이 벌어지더라도 한 발 한 발 신중에 신중을 기해야 했다. 김상옥은 두 손으로 '모제르 7연발'과 '브로니켈 12연발' 권총을 더욱 힘차게 움켜쥐었다.

　벽장 밖에서 형사들의 목소리가 들렸다. 벽장문 앞까지 다가온 것이다. 이제 곧 벽장문이 열리고 형사들이 들이닥칠 것이다. 짧은 순간 김상옥의 머릿속에는 만감이 교차했다.

　생각해보면 지난 10여 년을 조선독립의 염원을 안고 항일투쟁이라는 한길로 숨가쁘게 달려왔다. 그동안 시도해보지 않은 독립운동 방략이 없을 정도다. 그의 인생은 그 자체로 조선 독립운동의 변천사였다.

　애국계몽운동(교육운동) → 일화배척 물산장려운동→ 3 · 1만세운동(평화시위)→ 〈혁신공보〉 발행(지하언론)→ 암살단 활동→ 상하이 임시정부 활동→ 의열단

　혈기왕성한 20대 시절, 그는 일제에게 나라를 빼앗기지 않으려면 백성들이 먼저 문물을 깨우쳐야 한다는 생각으로 어느 독지가의 지원을 받아 '동흥야학'을 설립 운영했다.

　일본의 주권침탈과 경제침략이 한창이던 1910년 초에는 손수 영덕철물상을 차려 민족자본을 지키려 했다. 홍수처럼 쏟아져 들어오는 일본 상품 때문에 민족자립 경제의 기반이 무너지는 것을 보고 가만히 앉아 있을 수 없었기 때문이다. 자신이 직접 말총모자와 양말, 장갑, 제철 농기구 등 다양한 국산 생활용품을 개발해

보급했다.

3·1만세운동 직후에는 민중의 독립정신을 고취하기 위해 〈혁신공보〉를 발행했다. 지하신문을 통해 일제의 만행을 고발하고, 국내외 독립운동 소식을 전하려 했다. 하지만 일제의 감시 탄압과 재정난 등으로 6개월 만에 활동을 접어야 했다.

평화적인 노력이 모두 수포로 돌아가자 김상옥은 무력을 통하지 않고선 독립을 쟁취할 수 없다는 생각으로 '암살단'을 조직했다. 일제 고관과 친일파를 처단하고 식민통치기구를 파괴하기 위해서였다. 그러나 미국 상하원 의원단 내한을 하루 앞두고 사이토 총독 암살투쟁계획이 경찰에 발각돼 실패로 끝났고, 김상옥은 1920년 상하이로 망명했다.

상하이 시절에는 비록 가난한 망명객 신세였지만 조소앙, 이시영, 김구, 신익희 등 임정 주요 요인들과 교류하며 민족주의와 민주주의 사상에 눈떴다.

또한 약산 김원봉을 만나 의열단에도 가입하여 이종암, 김익상, 오성륜 등 죽음을 두려워하지 않고 암살폭탄 투쟁을 벌이는 의열단 동지들과 함께 의열 투쟁의 각오를 다졌다.

그리고 바로 지금 이 순간, 효제동 73번지 벽장문 하나를 사이에 두고 일제 경찰과 대치하고 있었다. 저 문이 열리면 싸움이 시작될 것이다. 이번에는 살아서 이곳을 빠져나가지 못할 수도 있었다.

하지만 상옥은 조금도 그 순간을 두려워하지 않았다. 그는 이미 상하이를 떠나면서 가까운 의열단 동지들에게 "생사가 이번 거사에 달렸소. 만약 실패하면 내세에서나 만납시다. 나는 자결하여 뜻을 지킬지언정 적의 포로가 되지 않겠소"라는 유언을 남겼다. 오늘이 바로 그 약속을 지키는 날일지도 모른다!

벽장문이 휙 열리자 형사들은 일제히 권총을 벽장 안으로 겨누었다. 하지만 김상옥의 모습은 여전히 보이지 않았다. 고서더미만 잔뜩 쌓여 있을 뿐이었다.

체포조를 지휘하는 구라다 경보부가 잽싸게 벽장 안으로 들어왔다. 그는 벽장 안을 한 바퀴 둘러봤다. 그의 예리한 눈이 고서더미가 살짝 흔들리는 것을 놓치지 않았다. 상옥이 그 뒤에 숨어 있는 게 분명했다. 구라다는 상옥에게 기회를 줘서는 안 된다는 생각에 먼저 권총을 쏘며 고함을 질렀다.

탕!

"긴소오교쿠 고산시로(김상옥 항복하라)!"

하지만 그가 쏜 총알은 고서더미에 맞고 튕겨나갔다. 상옥은 그 순간을 놓치지 않고 막바로 응사했다. 구라다가 비명과 함께 오른쪽 어깨를 움켜잡고는 그 자리에서 고꾸라졌다.

너무나 순식간에 벌어진 일이었다. 벽장 안 좁은 공간에서 구라다가 총에 맞아 쓰러지자 방 안에 있던 형사들은 어떻게 맞대응해볼 엄두도 못 내고 마루로 마당으로 뛰쳐나가기 바빴다. 구라다도 고통스런 신음소리를 내며 벽장 밖으로 굴러 나왔다.

상옥이 뒤쫓아 나올 줄 알았는데 벽장 안에서 나오지 않았다. 형사들은 그제야 마당에서 전열을 정비한 후 방 안의 벽장을 향해 일제히 총을 쐈다. 좁은 벽장 안으로 총탄이 쏟아졌다. 고서들이 찢겨지고 파편이 사방으로 튀었다. 아무리 '김상옥'이라도 이런 집중 사격은 피하기 어려울 것이다.

하지만 형사들이 벽장 안을 벌집으로 만들고 있을 때 김상옥은 이미 그곳을 빠져나간 후였다. 그는 형사들이 마당으로 뛰쳐나가자 곧바로 얇은 널빤지로 된 벽장 뒷벽을 발로 차 부순 후 옆집인 74번지를 지나 76번지로 몸을 피한 뒤였다. 73번지인 이혜수 집은 채소밭 사이에 집 여섯 채(72~77번지)가 담장과 벽을 맞대고 몰려 서 있는 곳에 있었다.

경찰들이 벽장에 대고 헛총질만 하고 있는 사이 김상옥은 옆집으로 빠르게 이동하면서 창문으로 외부 경비 상황을 살폈다. 삼판통과는 상황이 완전히 달랐다. 사방에 모닥불이 켜져 있고, 정복 순사들이 거총 자세로 대기하고 있었다. 기마순사대까지 보이는 것으로 봐서 완전 포위된 듯했다.

상황은 절망적이었다. 그렇다고 포기할 수는 없었다. 김상옥은 순간적으로 76번지 집주인 김학수에게 이불을 한 채 빌려달라고 요구했다. 두꺼운 이불을 뒤집어쓰고 적의 총탄을 조금이라도 막아내며 한 놈이라도 더 죽이고 죽겠다는 생각이었다.

하지만 김학수는 나중에라도 자신에게 피해가 올까 봐 상옥의 부탁을 매몰차게 거절했다. 상옥은 독립운동을 돕지는 못할망정 자신만 살고 보자는 김학수의 태도에 화가 머리끝까지 났지만 그와 실랑이를 벌일 여유가 없었다.

하는 수 없이 다시 72번지 집으로 넘어갔다. 경찰이 자신의 움직임을 놓쳤을 때가 기회였다. 어떻게든 탈출 구멍을 찾아야 했다. 그런데 이때 김학수는 고함을 치며 밖으로 뛰쳐나가더니 경찰에게 상옥이 어디로 도망쳤는지를 알려줬다.

김상옥이 73번지 이혜수의 집에 있는 줄만 알고 사격과 함께 투항을 권유하고 있던 경찰은 그제야 옆집으로 도망간 것을 알았다. 자칫 잘못했으면 또 한 번 상옥에게 허를 찔릴 뻔했다. 우마노 경찰부장은 즉시 장총으로 무장한 수사들에게 72번지로 화력을 집중할 것을 명령했다. 또한 상옥이 다시 이웃집으로 이동할 것에 대비해 73, 74, 76번지 등에도 경찰 병력을 배치했다.

경찰에게 동선을 간파당한 상옥은 이제 영락없이 72번지에 갇힌 신세가 됐다. 그는 우박처럼 쏟아지는 총탄에 몸을 숙이며 피했다. 간헐적으로 상옥이 응사했지만 경찰의 화력에 밀리고 있었다.

먹잇감을 막다른 공간으로 몰아넣었다고 자신한 우마노는 잠시 사격을 중지시킨 후 조선말을 잘하는 요시노 부장을 시켜 투항을 권유했다.

"김상옥! 너는 독 안에 든 쥐다. 지금이라도 항복하면 목숨만은

살려준다. 순순히 항복해라. 30분 여유를 주겠다."

하지만 상옥이 이런 요구에 응할 리 만무했다. 그는 경찰이 투항을 권유하는 동안 자신의 권총 두 자루에 탄알을 장전하면서 72번지 내부 상황과 자신의 몸 상태를 주의 깊게 살폈다. 경찰은 상옥을 생포하려고 주로 하반신에 총격을 가했다. 다리 이곳저곳에 탄환이 스쳐 피가 흘렀다. 또한 총격전 와중에 동상 입은 왼발의 발가락 하나가 떨어져 나가고 없었다.

경찰 측 피해도 적지 않았다. 구라다 외에도 여러 명이 총상을 입었다. 화력이나 수에선 압도적인 우위에 있으면서도 경찰은 상옥의 무서운 사격 실력 때문에 그를 섣불리 몰아붙일 수 없었다.

경찰이 잠시 총격을 멈추고 상옥에게 항복할 말미를 주자 효제동 일대에는 언제 그랬냐는 듯 깊은 정적이 흘렀다. 어느덧 동편 하늘이 서서히 밝아오고 있었다.

scene **14** 1923

김상옥,
최후의순간

우마노 경찰부장이 자신의 손목시계를 봤다. 김상옥을 72번지로 몰아넣고 투항을 권유한 지 30분이나 흘렀다. 하지만 72번지에선 아무런 대꾸가 없었다. 김상옥은 절대 항복할 생각이 없는 것이다.

부지휘관 후지모토가 우마노 부장에게 사격 재개를 요청했다. 더 이상 지체할 수 없었다. 시간을 주면 줄수록 머리회전이 빠른 상옥이 어떤 전술을 쓸지 몰랐다. 조금 전에도 그는 경찰의 눈을 속이고 집과 집 사이를 뚫고 이동했다. 하마터면 엉뚱한 집에 집중했다가 놓칠 뻔했다.

우마노가 고개를 끄덕였다. 사격 명령이 떨어졌다. "쏴라!" 후지모토가 무장경관들에게 명령을 전달했다. 경관들의 장총이 72

번지 집을 향해 다시 불을 뿜었다. 상옥도 경찰 사격에 조금도 굴하지 않고 쌍권총으로 계속 맞대응했다. 진눈깨비가 날리고 있는 효제동 일대에 요란한 총소리가 울려 퍼졌다.

갑작스런 총성에 새벽잠을 설친 효제동 주민 수백 명이 경찰이 쳐놓은 통제선 앞까지 몰려나와 무슨 일이 벌어졌는지 구경했다. 3·1만세운동 이후 이렇게 많은 무장경관이 출동해 총격전을 벌인 것은 처음이었다. 주민들은 이 총격전이 며칠 전 의열단원이 경성 삼판통에 출몰해 경찰을 쏴 죽였다는 소문이 퍼진 후 경찰들이 시내에 쫙 깔린 것과 관계있다는 것을 직감했다. 72번지 가옥에 포위된 자는 그 독립투사인 것이 분명했다. 그래서일까. 경찰의 총격이 더욱 거세지자 주민들 사이엔 무거운 침묵이 흘렀다.

총격전이 벌어지는 사이 동쪽 하늘이 제법 밝아졌다. 하지만 72번지 내부는 지붕이 담벼락 등에 가려 여전히 어두침침했다. 김상옥의 모습을 확인하기 어려웠다. 그런 상황에서 경찰의 집중 총격은 큰 효과가 없었다. 오히려 상옥은 담벼락 뒤에 몸을 숨긴 채 정확한 사격술로 경찰들을 괴롭혔다. 이런 식의 총격전이라면 앞으로 몇 시간이 더 흘러야 할지 몰랐다.

우마노는 하는 수 없이 전술을 바꿨다. 형사대에게 옆집 지붕 위로 올라가 72번지 내부를 내려다보면서 총을 쏘도록 지시했다. 이번에는 높은 곳에서 시야를 확보한 채 사격하는 만큼 상옥도 어찌 못할 것이라고 생각했다. 1선에 있던 형사들이 사다리를 놓고 지붕 위로 차례로 올라갔다.

그러나 형사들이 지붕 위에 올라가면 상옥의 움직임을 파악하기 쉬워지지만 그것은 상옥도 마찬가지였다. 지붕 위 형사들도 상옥의 사정권에 그대로 노출될 수밖에 없었다. 우마노는 그 점을 간과하고 있었다. 실제로 형사 하나가 북쪽 지붕 위에 올라가자 상옥의 권총이 불을 뿜었다.

"탕!" "으아악!"

비명과 함께 그 형사가 기와지붕에서 굴러 떨어졌다. 동쪽 지붕에 올라갔던 병사 하나도 총을 맞고 고꾸라졌다. 상옥의 사격 실력이 빛을 발했다. 이 때문에 지붕 위에 올라간 형사들은 모두 머리를 수그린 채 옴짝달싹도 못하는 신세가 됐다.

포위망 뒤쪽에 설치된 지휘부에서 그 광경을 지켜보던 우마노는 자신의 노림수가 오히려 상옥에게 역이용되자 몹시 분했다. 이제는 생포고 뭐고 없었다. 죽든 살든 총격전으로 완전히 제압하는 수밖에 없었다. 화가 잔뜩 난 우마노는 참모들에게 "72번지 앞뒤 양쪽에서 장총으로 집중 사격시키라"고 지시했다.

우마노의 명령에 따라 38식 장총을 든 경관 무리가 72번지 뒤편, 즉 74번지 집 앞으로 재빨리 이동했다. 74번지는 72번지와 널빤지로 된 벽을 맞대고 있었다. 경찰은 74번지 대문 앞에서 그 벽에다 일제히 사격을 가했다. 동시에 72번지 대문 앞에서도 집 안으로 장총 사격을 가했다.

이번 공격은 무서운 효과를 발휘했다. 앞뒤에서 총알이 날아오자 상옥도 제대로 맞대응하지 못했다. 반격할 기회를 잡지 못한 채 그저 엄폐물을 찾기에 바빴다. 앞뒤에서 쏟아지는 총탄 때문에 집에 있던 가재도구와 장독, 유리창 등이 모두 깨지면서 파편이 사방으로 튀었다. 그 와중에 미처 밖으로 빠져나가지 못하고 김상옥과 같이 집안에 있던 72번지 주인 이진옥李鎭玉(62세)도 가슴에 총을 맞고 쓰러졌다.

상옥의 몸도 만신창이였다. 무수히 쏟아지는 파편과 유탄을 맞아 몸 이곳저곳에서 피가 흘렀다. 74번지 쪽 벽은 이미 사람이 충분히 지나다닐 만큼 너덜너덜해진 상태였다. 상옥의 대응 사격이 점점 잦아지자 경찰도 기회를 놓치지 않으려 했다. 다시 생포 작전을 시작했다. 우마노는 72번지 대문과 74번지 무너진 벽을 통해 체포조 형사들을 동시에 진입시켰다.

김상옥이 그렇게 쉽게 당할 리 없었다. 오른손으로는 대문 쪽을, 왼손으로는 벽 쪽을 향해 동시에 사격했다. 조금 전까지 별 저항이 없자 마음 놓고 진입하던 형사들은 화들짝 놀라 집 밖으로 도망쳤다. 몇몇 형사는 팔과 다리에 유탄을 맞고 겨우 기어 나왔다.

'질긴 놈이구나!' 우마노는 다시 집중 사격을 지시했다. 경찰의 총알 세례가 쏟아지자 72번지 집안의 모든 물건이 산산조각 부서지기 시작했다. 이미 가재도구란 가재도구는 다 부서져 더 이상 엄폐물로 사용하기 어려웠다. 앞쪽에서 날아오는 총알은 다행히 벽으로 막아낸다고 해도 뒤쪽 총알에는 속수무책으로 노출될 수밖에 없었다.

이미 몸 곳곳에서 불에 덴 듯한 충격이 느껴졌다. 어떻게든 몸을 숨길 곳을 찾아야 했다. 그 순간 상옥의 눈에 집 안 한쪽 구석에 있는 변소가 보였다. 다행히 구석진 곳에 있기 때문에 경찰의 총알이 닿지 않는 위치였다. 상옥은 재빨리 그 변소로 뛰어들었다. 그곳에서 잠시 숨을 고르면서 권총을 재장전하기 시작했다.

그 사이 상옥의 맞대응이 없자 체포조 형사들이 엄호 사격을 받으며 다시 집 안으로 진입을 시도했다. 형사들은 집 안에 들어서자 잽싸게 상옥의 위치를 살폈다. 처음에는 상옥이 어디에도 보이지 않자 당황했지만 이내 변소 안에 숨었다는 것을 알아챘다. 그들은 변소를 둘러싸더니 공중에 위협사격을 하며 투항을 권유했다.

그러나 이미 죽음을 각오한 김상옥이었다. 변소 문을 박차고 뛰어나오더니 쌍권총을 갈겼다. 그런 대담한 반격이 나오리라고는 생각도 못한 형사들은 응사도 못한 채 다시 집 밖으로 도망쳤다. 다시 한동안 양측 사이에 총격전이 계속됐다.

상옥은 불굴의 용기로 30여 분이 넘게 계속 맞섰지만 시간이 흐를수록 화력에서 밀릴 수밖에 없었다. 조금씩 밀리기 시작하더니 다시 변소로 숨어야 했다. 상옥은 남은 탄환을 확인했다. 세 발밖에 남지 않았다. 이미 가슴과 허벅지, 다리 곳곳에 총을 맞아 제대

김상욱이 죽을
때까지
몸에 지니고
다녔던 태극기!

김상옥

로 움직일 수 없었다. 극한의 고통이 엄습해왔다. 문틈으로 형사들이 다시 진입하는 게 빤히 보였다. 너무도 분하지만 더 이상 어찌 해볼 수 없었다.

　그 순간 상옥은 이미 마음을 정했다. 조국의 독립을 보지 못하고 이렇게 죽는 게 너무도 원통하지만 상하이를 떠나기 직전 임시정부와 의열단 동지 앞에서 "자결하여 뜻을 지킬지언정 적의 포로가 되지 않겠다"고 굳게 약속했다. 왜놈에게 붙잡혀 조직과 스스로의 이름을 더럽히고 싶지 않았다.

바깥에서 "투항하라"는 소리가 연이어 들렸다. 하지만 상옥은 조용히 눈을 감고 머리에 권총을 갖다 댔다. 그의 눈에 살짝 물기가 맺혔다.

배고픈 어린 시절 낮에는 쳇불공장과 대장간에서 일하면서 밤에는 야학을 다니며 공부하던 일부터 동생 춘원과 함께 영덕철물상회를 운영했던 일, 3·1만세운동 후 〈혁신공보〉를 제작해 경성 시내에 뿌렸던 일, 암살단을 조직해 사이토 총독을 죽이려고 한 일, 상하이 시절 연인 장규동의 죽음, 임시정부 인사들을 만나고 의열단에 가입해 원대한 조국 광복의 꿈을 키웠던 일 등 34년의 짧은 생애가 파노라마처럼 눈앞에 스쳐갔다.

김상옥은 모제르 7연발총의 방아쇠를 힘껏 당겼다.

'탕!'

효제동 72번지에서 한 발의 총소리가 울렸다. 경성 하늘에는 여전히 찬바람과 함께 진눈깨비가 짙게 날리고 있었다.

scene 15 1923

풀리지않는
의혹

김상옥과 식민지 경찰의 '한판 싸움'은 그렇게 막을 내렸다.

총격전이 끝나자 일제 순사들은 서둘러 72번지 가택 안으로 진입했다. 김상옥의 시신을 확인하기 위해서였다. 그들은 상옥의 시신을 보고 놀라지 않을 수 없었다. 그는 눈을 감는 최후의 순간까지도 손에서 권총을 놓지 않고 저항 자세를 취하고 있었다.

당시 〈동아일보〉 기사는 김상옥 최후의 모습을 이렇게 생생하게 전하고 있다.

"범인은 최후까지 권총을 두 손에 쥐고 바른손에는 사망한 후에도 둘째손가락으로 권총의 방아쇠를 걸고 권총을 힘 있게 쥐고 있었다

며 여하간 범인은 처음에 발에 총을 맞았으나 아무 소리도 내지 않

은 것과 최후까지 총을 쥐고 죽은 것을 보면 매우 대담한 사람이라

고 말하더라."

<동아일보> 1923년 1월 23일, '세 군데 총을 맞고도 죽은 후에도 총을 쥐고 있어'

효제동 대격전이 끝났다는 보고를 받은 마루야마 총독부 경무
국장은 오전 10시 무렵 직접 현장에 나타났다. 경찰총수인 마루야
마는 총격전 현장을 살피고는 우마노 경찰부장과 후지모토 보안
과장, 미와 경부보 등 형사대를 격려했다. 그는 흡족한 표정으로
현장을 떠났다.

하급 순사들은 분주히 총격전 현장을 정리했다. 그곳에는 널빤
지 담벼락이며 가재도구며 어느 하나 성한 것이 없었다. 형사들은
혹시나 그 난장판 속에서도 수사의 단서가 될 만한 것이 있는지
샅샅이 뒤졌다. 몇몇 정복 순사들은 온몸에 검붉은 피가 흐르는
상옥의 시신을 72번지 마당에 누여놓고 수습하고 있었다. 그 비참
한 광경에 조선인 구경꾼들은 차마 눈길조차 보내지 못했다.

어느새 진눈깨비가 궂은비로 변했다. 두다리목(동대문에서 광화문
쪽으로 가는 길에 놓인 둘째 다리. 지금의 종로 4~5가 사이)에서부터 효제동
이혜수의 집에 이르는 길은 질퍽질퍽했다. 하지만 많은 경성 시민
이 효제동 총격전 소식을 듣고 그 길을 따라 현장까지 나왔다. 일
제에게 국권이 넘어간 후 항일 독립투사가 서울 한복판에서 단신

으로 수백 명의 일제 무장 경찰과 그토록 오랫동안 총을 들고 맞
싸운 경우는 전무후무했다.

그들은 서슬 퍼런 순사들의 감시 때문에 터놓고 이야기를 나누
지는 못했지만 다들 이름 모를 한 독립투사의 처절한 죽음을 깊게
애도하고 있었다.

그날 효제동에 모인 조선인 구경꾼 인파 속에는 유난히도 등이
굽은 중학생이 하나 있었다. 경성 필운동에 있는 경신고등보통학
교에 다니는 학생이었다. 그는 곱사등이 장애를 갖고 있었지만 뛰
어난 그림 실력으로 훗날 한국 서양화단의 거목이 된 구본웅이었
다. 천재 소설가 이상의 친구로도 잘 알려진 인물이다.

구본웅은 감수성이 예민한 중학생 시절 자신이 직접 등굣길에
목격한 김상옥의 장렬한 최후를 잊지 못했다. 그는 그 기억을 고
스란히 해방 후 펜화(1948년 무렵 제작)로 되살려냈다.

구본웅의 시화첩 〈허둔기虛屯記〉에 포함된 이 검은 잉크의 펜화
에는 '자작시'가 함께 담겨 있다. 시 속에 등장하는 제비는 김상옥
의 별명이었다. 일제강점기에 독립투사 최후의 순국 장면을 현장
에서 직접 본 대로 생생하게 그린 것으로는 구본웅의 이 그림이
유일무이하다.

아침 7시, 찬바람.

섯달이 다 가도 볼 수 없든 눈이

아침 7시. 찬바람.

섣달이 다가도 봉수 없는 눈이
정월들자 나리니 눈바람 차갑든
중학시절 생각이 난다.

아침 7시 찬바람. 눈사 한덜판.
새로진 외딴집 세 채를 에워싸고
두겹 세겹 느러슨 왜적의 경관들
우리의 의열 金士로·義士를 모리네.
슬프다 우리의 金義士는 양손에
육혈포를 꽉 잡은해. 그만──
아침 7시. 제비(金義士의 別名은 제비
라하여 불렀섰슴) 길을 떠낫더이다.
새봄되오니 제비시여 넘이고도 오소서.

정월 들자 나리니

눈바람 차갑든

중학시절 생각이 난다.

아침 7시 찬바람. 눈 싸힌 벌판.

새로진 외딴 집 세 채를 에워싸고

두 겹, 세 겹 느러슨 왜적의 경관들

우리의 의열 金相玉 義士를 노리네

슬프다. 우리의 金 義士는 양손에

육혈포를 꽉 잡은 채. 그만 -

아침 7시 제비(金 義士의 別名을 제비라하여 불럿섰슴) 길을 떠낫더이다.

새봄이 되오니 제비시여 넋이라도 오소서.

경찰은 현장에서 임시 수습한 상옥의 시신을 동대문서로 옮겼다. 시체에 박힌 탄환을 뽑은 후 저녁 무렵에야 가족에게 인계했다. 파란만장한 생애를 마친 상옥의 유해는 경찰의 감시 때문에 조문객도 거의 없는 쓸쓸한 장례식을 치른 뒤 1월 26일 아침 지금의 서울 이문동 뒷산의 공동묘지에 안장됐다.

일제는 총격전이 끝나 후 상옥과 관련된 사람들을 대대적으로 검거하고 탄압했다. 전우진(41세, 우체부), 안홍한(21세, 의열단원), 김한(37세, 무산자동맹, 의열단원), 이혜수(28세, 무직), 서병두(44세, 도장업), 정설교(27세, 휘문중학생), 신화수(27세, 불교학원생), 윤익중(28세,

김상옥의 동지들
신화수 서병두 정설교 윤익중
김한 전우진 이혜수

동아일보 홍성지국장) 등 김상옥의 동지 여덟 명이 경찰에 붙잡혀 고초를 당했다.

경찰은 이날 총격전의 상세한 내용 보도를 철저히 통제했다. 〈동아일보〉, 〈조선일보〉 등은 1월 23일 자에 경찰이 발표한 사건의 일부 내용만 간략하게 실을 수 있었다. 〈동아일보〉는 지면에 "이 사건에 대해서는 경찰당국에서 일부만 발표하였음으로 범인 성명과 기타 대해서는 도저히 발표할 자유가 없기로 이에 간단한 사실만 발표함."이라는 근고謹告(삼가 아룀)를 내보냈다. 상옥의 이름이나 경성 잠입 목적, 배후 등 어떤 내용도 보도할 수 없었다.

신문들은 그해 총독부의 보도 통제가 풀린 3월 15일에서야 사건의 전모를 지면에 실을 수 있었다. 〈동아일보〉와 〈조선일보〉는 그날 '계해 벽두의 대사건 진상'이라는 큰 제목의 호외를 발행하고, 그동안 취재했던 내용을 자세하게 보도했다.

그제야 조선인들은 1월 벽두 경성을 뒤흔든 항일 독립투사가 바로 의열단원 김상옥이었고, 그가 사이토 총독을 암살하기 위해 경성에 잠입했으며, 삼판통과 남산, 효제동에서 일본 경찰에 맞서 용맹하게 저항하다가 순국했음을 알 수 있었다.

경찰은 상옥을 사살함으로써 그동안 실추된 체면을 어느 정도 만회할 수 있었다. 김상옥 사건 해결에 지대한 공을 세운 '사냥개' 미와 경부보는 총독부의 공로포상까지 받았다. 이 사건은 미와가 경찰상부에 자신의 이름을 더욱 깊게 각인시킬 수 있는 계기가 됐다. 이런 두터운 신임을 바탕으로 그는 이후 1930년대에 들어 함흥경찰서장으로 승진할 수 있었다.

하지만 그래도 이 사건을 둘러싸고 뭔가 석연치 않은 의문이 남았다. 김상옥이 종로경찰서에 폭탄을 던진 범인이 맞을까? 당초 미와와 경찰은 김상옥을 붙잡아 종로서 폭탄피습 사건과의 연루 여부를 캐려고 했다. 하지만 상옥이 사살되는 바람에 그 진실을 직접 확인하기 어려워졌다.

이 때문에 효제동 총격전 직후 경찰 지휘부는 상옥이 종로서 폭탄투척 범인인지는 아직 확실치 않다며 매우 조심스런 태도를 보였다. 총독부 경무국의 야마구치 고등과장은 3월 14일 사건 전모를 발표하면서 "종로경찰서에 폭탄을 던진 범인이 김상옥인지 아닌지는 아직까지 판명치 못하였다. 처음에는 김상옥이 범인인 듯한 정황이 있었으나 확실한 증거를 확보하지 못했다"고 털어놓았다.

사건 직후 붙들린 상옥의 동지들도 경찰 취조와 재판 과정에서 종로경찰서 폭탄피습 사건과 상옥의 관계를 부인했다. 종로서 피습 사건 당시 상옥과 함께 있던 윤익중은 재판정에서 "그날 그 시각 상옥과 함께 종로대로를 걷고 있었다"면서 "그러나 종로서 방면으로 지나온 학생들을 통해서 폭탄피습 사건이 있었다는 것을 알았다. 김 동지는 그렇게 폭탄을 던지는 것이 그리 좋다고 할 수 없다고 말했다. 그가 폭탄을 던진 정황은 없었다"라고 진술했다.

다른 동지들의 증언도 이와 다르지 않았다. 이 때문에 언론들도 김상옥이 이번 사건의 진범이 아닐 가능성을 본격적으로 제기하기 시작했다. 〈조선일보〉는 3월 16일 자 신문에서 "(경무국의 발표 내용과 김상옥 동지들의 재판정 진술) 이런 사실 내용을 볼 것 같으면 김상옥은 정녕 폭탄 범인이 아니다"라고 분석했다.

그도 그럴 것이 상옥을 종로서 폭탄투척 범인으로 보기에는 미심쩍은 구석이 적지 않았다. 종로서 폭발 당시 상옥과 같이 있던 윤익중 등 김상옥 동지들의 일관된 진술을 어떻게 해석할 것이며, 엄청난 중대 거사(사이토 암살)를 앞둔 그가 왜 스스로 경찰의 경계 강화와 추적 등의 위험을 초래할 수 있는 종로서 피습을 저질렀겠느냐는 것이다. 그가 진짜 사이토를 죽이려 했다면 사이토가 도쿄를 출발하는 순간까지 철저히 자기 존재를 숨겨야 했는데도, 종로 경찰서에 폭탄을 던져 경성 경찰을 비상경계 상태로 몰고간 것은 어딘가 이치에 맞지 않다는 지적이 여기저기서 제기됐다.

경찰 수뇌부는 물론이고 특별수사대장 미와도 이런 반론에 대해 뚜렷한 증거로 반박하지 못했다. 마침내 경찰 수뇌부는 의열단의 본거지인 중국 톈진과 베이징, 상하이 등에 수사요원을 보내 상옥의 경성 잠입 목적과 종로서 사건과의 연관성 등에 대한 자세한 내막을 추적하기로 했다. 이를 위해 경기도 경찰부에서 가장 뛰어난 조선인 출신 고등계 형사 한 명을 중국으로 출장 수사를 보냈다.

그러나 식민지 경찰의 이런 노력은 역설적으로 또 다른 거대한 의열단 폭탄 사건의 시발점이 되고 말았다.

또다른
의열투쟁의전조

조선총독부는 1923년 3월 15일에서야 김상옥 사건의 보도통제를 풀었다. 〈동아일보〉, 〈조선일보〉, 〈매일신보〉 등 주요 신문들은 이날 비로소 호외를 통해 김상옥 사건의 자세한 사정을 알렸다. 그제야 경성 시민들은 근 두 달 동안 소문만 무성하던 삼판통과 효제동 시가전의 구체적 실상을 알 수 있었다. 많은 사람들은 김상옥의 대담무쌍한 투쟁과 장렬한 순국에 감동했다.

그러나 이날 발행한 신문 호외의 한 귀퉁이에는 또 다른 '폭탄 암살투쟁 사건' 적발을 알리는 기사가 실렸다. 총독부와 경찰의 눈이 온통 김상옥에게 쏠려 있던 시기에 또 다른 의열단 단원들이 경성에서 대규모 폭탄거사를 추진하고 있었던 것이다. 비록 이 거사는 실행 직전 경찰에 적발됐지만 김상옥 사건의 여파가 채 가시지 않은 경성을 다시 한 번 뒤흔들기에 충분했다.

김상옥 사건이 터지기 한 달 전쯤인 1922년 12월 26일. 이른 아침에 경성본정경찰서(지금의 서울중부경찰서)의 유치장. 그곳에는 전날 잡혀온 좀도둑과 술 취한 건달 등 20여 명이 갇혀 있었다. 실내는 추웠다. 당직 순사의 곁에 난로 하나가 놓여 있기는 하지만 그 온기가 실내 전체에 퍼지기에는 역부족이었다. 모두 조금의 온기라도 놓치지 않으려고 잔뜩 웅크린 채 서로 등을 붙이고 앉아 있었다.

당직 순사들은 수감자 가운데 유독 두 사내의 동태를 유심히 살폈다. 그들은 전날 저녁 경성 무교정(지금의 무교동)에서 친일 부호의 집에 들어가 돈을 강탈하려다가 잡혀온 자들이었다. 당시만 해도 조선 내 치안 상황이 불안해 흉기나 육혈포를 든 강도들이 자주 출몰하곤 했다. 하지만 이들은 단순 강도와는 뭔가 달랐다. 당직기록부에도 무장강도의 혐의 옆에 '중대 범인'이라고 붉은 글씨로 또렷하게 적혀 있었다. 단순 무장강도는 경찰서 사법계에서 주로 처리하지만 이들은 독립운동 사상범을 다루는 고등계의 취조를 받을 예정이었다.

두 남자는 초조한 듯 밤새 뜬 눈으로 지냈다. 가끔 둘이서 낮은 목소리로 이야기를 나눴다. 아침부터 시작될 형사들의 취조에 대비하는 듯 보였다. 얼굴에는 불안감이 짙게 깔려 있었다.

또 다른 의열투쟁의 전조

THE TONG-A DAILY, SEOUL

총독부의 보도통제가 풀린 1923년 3월 15일에
김상옥 사건을 다룬 호외가 나왔다.
또 다른 폭탄 암살 투쟁 사건 적발을 알리는 기사와 함께

"유석현! 이리 나와!" 때마침 고등계 형사들이 유치장까지 찾아와 가운데 주범인 듯한 한 명을 호출해 고등계 취조실로 데려갔다.

3일 전인 12월 23일, 유석현은 오전 9시경 권총으로 무장한 동료 두 명과 함께 무교정 백윤화의 집을 찾아갔다. 백윤화는 일제의 조선침략 초기 법원 통역생으로 출발해서 경성법원 판사까지 오른 인물이다. 그가 이렇게 고속 성장할 수 있었던 데는 본인의 능력뿐만 아니라 아버지의 재력 덕도 컸다. 그의 부친 백운영은 당시 경성에서 가장 큰 부인용품 상점인 '백상회白商會'를 운영하는 대부호였다.

유석현은 그런 백운영 부자를 협박해 독립운동 지원금을 얻어낼 계획이었다. 군자금이 절대 부족한 상황이어서 그런 식의 강제적인 방법을 동원해서라도 돈을 모아야 했다.

백윤화 집에는 평소에도 이러저런 청탁 때문에 여러 사람이 드나들었다. 유석현 일행은 그런 방문객처럼 위장했다. 한 손에 선물용 과자상자를 든 유석현이 점잖게 명함을 건네자 그 집 가정부는 별 의심 없이 대문을 열어줬다.

거실에 앉아 신문을 읽고 있던 백윤화는 유석현 일행을 보더니 "누구신지"하고 조심스럽게 물었다. 유석현은 민족독립을 위해 싸우고 있으며 군자금을 모금하기 위해 찾아왔다고 또박또박 설명했다.

백윤화의 얼굴은 곧바로 굳어졌다. 대한민국임시정부나 만주 무장독립운동 단체들이 군자금 모집을 명분으로 시중 부호들을 협박해 거액을 뺏어가는 일이 심심치 않게 있었기 때문이다. 하지만 아무리 그렇다 해도 조선총독부 현직 판사인 자신한테까지 이렇게 직접 찾아와 돈을 요구할 줄은 몰랐다.

유석현은 백윤화에게 현금 5만 원을 요구했다. 당시 2층집 한채 값이 약 8000원 정도였으니 엄청난 금액이었다. 백윤화는 그런 큰돈을 독립운동 단체에 지불할 의사가 없었다. 하지만 그 자리에서 바로 거부하면 '큰 불상사'가 일어날지 몰랐다. 머리회전이 빠른 그는 일단 자신도 독립운동의 대의大義를 내심 지지하고 있다면서 유석현의 비위를 맞췄다.

백윤화는 곧이어 "내가 아직 아버지한테 재산을 상속받지 못해서 그런 거금을 마련하기 어렵지만 그 대신 연말 상여금을 받은 것이 조금 남아 있으니 그걸 주겠다"며 옷걸이에 걸린 양복 윗옷 안주머니에서 봉투 하나를 꺼냈다. 그 안에는 현금 120원이 들어 있었다.

유석현과 동료들은 화가 난 듯 품에서 권총을 꺼내 백윤화의 얼굴에 들이댔다.

"이런 푼돈 받자고 여기까지 온 게 아니오. 당신 부친을 불러오시오."

그들은 금방이라도 권총을 쏠 것처럼 단호했다.

다급해진 백윤화는 어쩔 수 없이 안채에 있던 부친을 불러냈다.

거실로 나온 백운영은 낯선 사내들에게 둘러싸인 아들의 불안한 표정을 보고는 직감적으로 뭔가 일이 잘못됐다는 것을 알아챘다. 손에 권총을 든 유석현은 백운영에게 "우리는 생명을 걸고 조선 독립운동 자금을 모집하는 사람들이오. 독립운동을 위해 우리에게 5만 원을 내놓으시오"라고 윽박질렀다.

구한말부터 산전수전 다 겪으며 경성 부호로 일어선 백운영은 보통내기가 아니었다. 그는 가정부를 시켜 백상회에서 금고를 가져오도록 시키더니 자기가 직접 금고를 열어 보였다.

"이게 지금 내가 갖고 있는 현금의 전부요."

금고 안에는 500원 가량이 남아 있었다.

유석현의 얼굴에 실망하는 빛이 흘렀다. 백운영은 그 순간을 놓치지 않고 "앞으로 돈을 벌면 계속 지원하겠고, 오늘은 힘닿는 대로 어떻게든 2000원까지는 마련해보겠소. 윤화에게 맡겨둘 테니 오늘 오후 법원으로 찾아가서 받으시오"라고 유석현 일행을 달랬다.

유석현 일행은 백운영 부자의 약조를 믿고 그 집을 나섰다. 그들은 약속대로 그날 오후 3시쯤 경성재판소의 백윤화 판사 사무실을 직접 찾아갔다. 백윤화는 탁자에 현금 1000원과 약속어음 1000원을 내놓으며 앞으로 더 이상 자신들을 찾아오지 말라고 단호하게 말했다. 아침나절의 고분고분하던 태도는 전혀 찾아볼 수 없었다.

유석현은 격분했다. 약속어음은 신분이 불안한 독립투사에겐 그저 쓸모없는 종잇조각에 불과했다. 하지만 장소가 법원이어서 소란을 피울 수 없어 일단 그 자리에서 조용히 물러났다.

　유석현의 동지 김지섭은 다음날인 24일 오전에 허경석이라는 가명으로 백윤화에게 "그대가 만일 생명을 존중히 생각하면 돈을 내라. 최후의 수단을 취해야 할 것이지만 동포의 한 사람으로 생각하여 잠시 유예할 테니 1만 원을 준비하여 남대문역 구내 게시판에 '다음 열차로 떠난다'는 암호를 적어두면 우리의 요구에 응한 것으로 인정할 테니 금원金員을 항상 준비해 갖고 있으라. 그렇지 않으면 최후의 수단을 취하겠다"는 쪽지를 보냈다.

　유석현은 25일 저녁 남대문역에 암호가 붙었다는 김지섭의 말을 전해 듣고, 또 다른 동지 윤병구를 대동하고 백윤화의 집을 다시 찾아갔다. 이번에는 돈을 받을 수 있을 것으로 기대했다. 하지만 그곳엔 이미 본정경찰서 형사들이 잠복하고 있었다. 유석현과 윤병구는 그 자리에서 무장강도 혐의로 체포됐다.

　잘못하면 의열단의 경성 잠입과 군자금 모금 활동, 폭탄 거사까지도 일제에게 들통날 수 있는 절체절명의 위기였다. 하지만 유석현 앞에는 뜻밖의 현실이 기다리고 있었다.

scene 17 1923

경찰 내의
은밀한 협력자

1922년 12월 의열단은 상하이임시정부와 협력하여 김상옥을 경성에 잠입시켜 대규모 폭탄암살 투쟁과 군자금 모집운동을 추진했다. 하지만 이와 동시에 비슷한 시기에 단독으로 경성에서 대규모 암살폭탄 투쟁을 추진하고 있었다. 유석현은 바로 그 작전을 수행하고 있는 의열단 요원이었다.

의열단은 그렇게 경성 하늘 아래에서 두 폭탄거사 작전을 진행하고 있었다. 그러나 김상옥과 유석현은 서로의 존재나 작전 내용을 전혀 모르고 있었다. 조직의 특성상 보안 유지가 생명인 만큼 의열단은 철저히 비밀 점조직 형태로 운영되고 있었기 때문이다.

이전에도 의열단은 여러 차례 폭탄투쟁을 벌였다. 가장 대표적인 것이 밀양폭탄 사건이다. 의열단은 1919년 11월 무력으로 일제를 축출한다는 목적으로 창단되었다. 목표에 따라 다음해 3월 경남 밀양과 진양으로 사제폭탄 6개를 반입시켰다. 그해 6월경 조선 각지에서 창단 이래 최대 대규모 암살폭탄 투쟁을 벌이려던 계획이었다. 이를 의열단의 '제1차 암살파괴계획'이라고 한다. 하지만 불운하게도 이 작전은 고등경찰에 사전 발각돼 실패로 끝나고 말았다. 이 때문에 많은 단원들이 경찰에 잡히거나 추적을 받았다.

하지만 의열단은 그 뼈아픈 실패를 딛고 1923년 초 새로운 대규모 폭탄 거사를 추진했다. 고성능 신형 폭탄을 국내로 비밀리에 반입해 조선총독부, 동양척식회사, 조선은행, 경성우편국, 경성전기회사 등 주요기관과 총독, 정무총감, 경무국장 등 총독부 요인 등을 상대로 동시다발로 암살폭탄 투쟁을 벌일 계획이었다. 규모나 참여 인원으로 보면 의열단 창단 이래 최대 규모의 거사였다. 성공만 한다면 일제를 큰 혼란에 빠트릴 수 있었다.

그러나 이 거사를 성공시키려면 많은 군자금이 필요했다. 특히 중국 상하이와 톈진, 만주, 조선 신의주, 경성 등을 잇는 국제적인 투쟁계획인 만큼 거액이 필요했다. 의열단은 각계의 지원을 받았지만 턱없이 모자랐다. 특히 국내에 잠입해 폭탄을 운반하고 투척할 행동대원들의 활동자금이 많이 부족했는데, 유석현은 바로 이 자금을 구하려고 친일파 판사 백윤화의 집을 찾아간 것이다.

형사들의 손에 이끌려 취조실로 향하는 유석현의 얼굴은 잔뜩

　경찰 내의 은밀한 협력자

굳어 있었다. 어떤 고문을 당하더라도 조직의 비밀을 숨겨야 했다. 자칫 거사 계획이 새나가면 조직 전체가 와해될 수도 있는 위기였다. 유치장을 나서면서 함께 잡혀온 윤병구 동지와 몇 번이고 '비밀 엄수'를 다짐했다.

그가 취조실에 들어서자 거기에는 백윤화가 기다리고 있었다. 자기 집에 침입한 강도의 얼굴을 확인해주기 위해 경찰서에 온 것이다. 전날 저녁 백윤화의 매몰찬 태도로 볼 때 그에게 자비를 기대하기란 어리석은 짓이었다.

하지만 이상한 일이 벌어졌다. 형사들이 유석현의 얼굴을 치켜세우며 "판사님 댁에 침입해 협박한 놈이 맞습니까?"라고 묻자 백윤화는 "아니오. 내가 얼굴을 똑똑히 기억하는데 이 사람은 아니오"라고 대답했다.

전혀 뜻밖이었다. '백윤화 저 작자가 왜 나를 모른 체할까?' 유석현은 지금의 상황이 선뜻 이해가 가지 않았다. 혹시 다른 술수를 부리려고 하는 건 아닌지 의심스러웠다. 피해자가 범인이 아니라고 하자 경찰로서는 더 이상 유석현을 붙잡아둘 수 없었다. 그는 곧 경찰서에서 풀려났다.

자유의 몸이 된 유석현은 한참 동안 경성 거리를 헤맸다. 혹시나 경찰의 미행이 붙을까 봐 걱정해서다. 하지만 걸으면서 계속 뒤를 살폈지만 미행당하는 기미는 전혀 느낄 수 없었다. 그제야 안심한 그는 함께 군자금 조달 작전을 벌였지만 용케 경찰의 체포를 피한 김지섭을 찾아갔다. 그는 그곳에서 자신이 쉽게 풀려난 이유를 알 수 있었다. 조선인 출신 고등계 형사이면서 의열단 활동을 은밀히 돕고 있는 황옥이 그곳에 와 있었다. 황옥이 뒤에서 자신이 석방되도록 손을 쓴 것이다.

황옥黃鈺은 경상북도 문경 사람으로, 집안이 유복한 편이어서 큰 어려움 없이 성장할 수 있었다. 그 지방 최초의 신학교인 도천학교에서 신학문을 배우기도 했다. 하지만 스물두 살 때인 1907년 의병전쟁의 참화로 집안이 망하자 전국 각지를 방랑하게 됐다. 그렇게 전국을 떠돌다 일본말을 배워 평양, 진남, 해주, 부산 등에서 재판소 통역원과 서기 등으로 근무했으며, 1920년 경찰에 투신해 많은 독립운동 투사를 체포했다. 그는 그 공로를 인정받아 1922년에는 간부인 경부로 승진했다.

일제는 조선지배 초기에는 무단통치를 펴며 조선인의 관료, 경찰, 교원 임용 등을 철저히 제한했다. 하지만 3·1운동 이후에는 유화책의 하나로 이런 직종에 조선인을 채용하기 시작했다. 그래서 1923년에 이르자 조선인 출신 경찰이 적지 않게 활동하기 시작했다.

일제가 조선인을 등용하기 시작했다고는 하지만 그때까지 경부 계급(지금의 경정에 해당)은 조선인 출신이 쉽게 오르기 어려운 지위였다. 조선인은 주로 하위 계급인 순사가 많았다. 고등경찰로 악명을 떨치던 미와도 당시에는 경부보에 머물러 있었다. 그런 상황

尹炳球에十年求刑

백윤화 판사 징역을 침입한
류석천등산당사로 十三공판

▲關世楹 ▲伍應福 ▲金駿淵(平壤)
朴綠陰 ▲

에서 조선인 황옥이 이미 경부에 올랐다는 것은 그만큼 능력이 출중했으며 상부의 두터운 신임을 얻고 있었다는 것을 의미한다.

그렇게 겉으로 드러난 이력만 놓고 보면 황옥은 일본에 아부해 출세하려는 악질 고등계 형사 그 자체였다. 그런 황옥이 유석현의 석방을 도운 것이다. 황옥은 경찰 상부에 유석현을 조선 독립운동 단체들의 활동을 염탐하기 위한 밀정으로 포섭했으니 풀어달라고 보고했다. 항일 독립운동 세력의 내부 상황을 염탐하고 유사시 일망타진하기 위해선 독립운동 진영에 밀정을 박아둘 필요가 있었다. 평소 황옥의 수사 능력을 신뢰하던 경무국 간부들은 그의 부탁대로 유석현을 자연스럽게 풀려나도록 손을 썼다.

당시 언론에는 백윤화 판사집 강도사건과 관련, 범인 세 명 가운데 윤병구만 잡히고 유석현, 김지섭 등은 달아났다고 보도됐다. 유석현은 체포되지도 않았다는 것이다.

"작년 십이월 이십삼일에 시내 무교정 경성지방법원판사 백윤화 씨의 집에 침입하였던 유석현 외 두 명에 대한 사건은 본정경찰서에서 공범자인 윤병구 한 사람만 잡고 그 외 범인은 모두 놓치었음으로 (생략)"

〈동아일보〉 1923년 2월 27일, '윤병구에 십 년 구형'

황옥은 경찰에서 풀려나기는 했지만 신분이 불안한 데다 거처

또한 마땅치 않은 유석현을 종로 계동의 자기 집으로 데려갔다. 황옥은 유석현에게 당분간 자기집에 머물며 '적당한 때'를 기다리라고 말했다. 고등계 형사와 독립투사의 동거생활은 이후 한 달 정도 계속됐다. 주변 사람들은 설마 고등계 형사집에 독립투사가 얹혀살고 있으리라고는 꿈에도 생각하지 못했다.

유석현 입장에선 황옥의 존재가 고마울 수밖에 없었다. 고등계 형사의 도움을 받는다는 게 꺼림직했지만 의열단 조직의 윗선한테서 미리 제5열 황옥의 존재를 들었기 때문에 크게 의심하지 않았다. 유석현은 그 집에서 지내면서 안전하게 거사를 준비할 수 있었다. 이번 거사를 성공적으로 추진하는 데 가장 안전한 '방패막이(황옥)'를 얻은 것 같은 기분이었다.

유석현과 함께 체포됐다가 풀려나지 못한 윤병구는 얼마 후 징역 8년이라는 중형을 선고받았다. 단순 무장강도가 아닌 사상범으로 분류가 된 탓에 더욱 가혹한 형벌을 받은 것이다.

황옥이 유석현에게 말한 '적당한 때'는 그리 오래지 않아 다가왔다.

scene **18** 1923

폭탄반입 루트를 찾아라

1922년 12월초, 김상옥과 유석현 등을 통해 국내에서 2차 대규모 암살폭탄 투쟁을 추진하고 있던 의열단의 단장 약산 김원봉은 뜻하지 않은 난관에 부딪혔다. 의열단의 거사를 위해 그해 여름부터 공들여서 조선 내에 은밀히 구축해 놓은 폭탄 반입 루트에 '중대한 문제'가 발생했기 때문이다.

약산은 1922년 8월 의열단원 남정각과 유자명을 경성으로 파견해 김한을 은밀히 만나도록 지시했다. 경성에서 '무산자동맹'을 조직해 사회주의 운동을 벌이고 있던 김한은 두 단원에게 의열단의 폭탄 밀반입과 대규모 암살파괴 투쟁계획을 전해 듣자 그 자리에서 흔쾌히 협력을 약속했다. 김한은 1919년 3·1만세운동 직후 중국 창춘에서 약산과 만난 적이 있었다. 그는 약산이 독립운동에

쏟는 헌신과 열정을 잘 알고 있었기에 기꺼이 약산의 계획을 돕겠다고 한 것이다.

김한은 의열단이 폭탄을 중국 만주 안둥 현까지 운반하면 거기서부터 자신의 무산자동맹 동지들을 시켜 이를 경성으로 몰래 들여와 은밀히 보관하고 있다가 거사 일정에 맞춰 의열단 단원에게 지급하겠다고 약속했다. 그는 자신의 조직을 활용하면 충분히 경찰의 감시를 따돌리고 폭탄을 들여올 수 있을 것이라고 자신했다.

김한의 말에 크게 고무된 남정각은 즉시 중국으로 되돌아가 상하이 영국 조계租界에 소재한 신려사新旅社에서 약산을 만나 김한의 협조 의사를 전달했다. 약산은 큰 조력자를 얻었다며 매우 기뻐했다. 그는 김한에게 국내에서 폭탄반입 작전을 준비하는 데 사용하라며 거금 2000원을 보내줬다.

하지만 그렇게 순조롭게 진행될 것 같던 폭탄반입 계획이 1922년 12월경 '뜻밖의 암초'를 만났다. 이번 거사 계획의 한 축을 맡게 된 김한에 대해 중국 상하이와 톈진, 베이징 등의 조선인 항일 독립운동가 사회에서 심상치 않은 루머가 떠돌기 시작한 것이다.

당시 조선총독부 경무국은 중국 상하이 주재 일본 경찰로부터 그해 연말쯤 의열단의 위험인물이 경성에 잠입할 것이라는 정보를 보고받은 후 경성 내 사상범이나 독립운동 관련 인물 감시와 경계를 크게 강화했다. 이런 와중에 김한이 경찰에 매수된 '밀정'이라는 소문이 퍼지기 시작한 것이다. 그 소문은 곧 약산의 귀에까지 흘러들어왔다.

조직의 사활이 걸린 만큼 약산은
그런 소문에 바짝 긴장하지 않을 수
없었다. 경성에서 한참 떨어진 중국
상하이에선 김한의 매수설이 사실인
지 거짓인지 확인할 길이 없었다. 그
는 고민 끝에 거사 성공은 물론 조직
과 단원의 안전을 위해 김한을 이번
거사 계획에서 배제하기로 했다. 만

사회주의 독립운동가 김한

주 안둥 현까지 운반한 폭탄상자도 다시 톈진으로 원위치시켰다.

김한을 둘러싼 갖가지 억측이 난무한 데는 그럴 만한 이유가 있
었다. 의열단원 유자명의 자서전《나의 회억回憶》에 따르면 김한
은 당시 일제의 조선인 고등계 형사 김태석과 개인적 친분을 맺고
있었다.

"조선총독부 경무국 고급 특무 김태석金泰錫도 김한과 비밀한 관계
가 있었는데 그는 이번 운동에 참가하지 않았었다. 김태석은 나의
수원농림학교 동학 김정석金鼎錫의 형으로서 내가 서울에 있을 때에
김정석의 관계로 나는 김태석을 알게 되고 또 나의 관계로써 김한
과 감태석이 서로 알게 된 것이다. 그래서 김정석과 나의 동학인 강
석린은 조선총독부 임무국林務局에서 복무하고 있었다. 그래서 내가

서울 동대문경찰서에 잡혀 갔을 적에 나를 보석해 주었으며 김한이 용산경찰서에 잡혀 갔을 때에도 김태석이 김한을 보석해 주었었다."

유자명 《나의 회억》 중에서

김태석은 1919년 9월 남대문역에서 3대 조선총독으로 부임하던 사이토에게 폭탄을 던진 강우규 의사를 추적해 체포했으며, 의열단의 밀양폭탄투쟁 계획도 사전에 적발해낸 조선인 출신 악질 고등계 형사였다. 이런 김태석과 김한이 개인적으로 교류하고 있다니 누가 보더라도 의심할 만했다.

더구나 김한은 12월 27일 갑자기 경찰에 잡혀가 취조까지 받았다. 앞서 말한 것처럼 1922년 연말, 경찰은 중국에서 위험인물이 잠입해올 것을 대비해 요주의 인물 감시경계를 강화했기 때문이다. 다행히 뚜렷한 혐의가 발견되지 않아 금세 풀려났다. 하지만 경찰에 불려간 그가 아무런 처벌 없이 풀려나자 주변의 의심은 더욱 커져갔다. 정황으로 보아 경찰에게 협력을 약속하고 풀려난 것이 아니냐는 의심을 충분히 받을 만했다.

하지만 김한의 이후 행적을 보면 '경찰의 밀정'이라는 소문은 잘못으로 보인다. 그는 자기 사상과 독립운동에 확고한 신념을 갖고 있던 인물이었다. 그는 김상옥 사건에 연루돼 1923년부터 7년 동안 복역했고, 출옥 후 1938년에 사망할 때까지 사회주의 항일 독립운동에 헌신했다. 그가 경찰에 매수됐다면 그런 옥고나 고생을 겪지 않았을 것이다. 실제로 많은 밀정들이 협력의 대가로 부귀영화를 누릴 때였다.

그러나 당시에는 이런 세세한 전후 사정이 알려지지 않았다. 약산은 김한 매수설로 인해 2차 암살파괴 계획에 더 이상 김한을 가담시키는 것은 위험하다고 판단했다. 김한이 경찰에 매수된 것이 만에 하나라도 사실이면 엄청난 피해가 우려됐기 때문이다.

약산은 김한을 대신할 또 다른 폭탄 반입 루트를 찾아야 했다. 당시 국내에서는 고려공산당원이면서 열정적인 의열단인 김시현金始顯이 2차 암살파괴 투쟁을 준비하고 있었다. 김원봉은 그에게 김한을 대신해 국내에서 폭탄 반입을 총지휘해줄 것을 부탁키로 했다.

김시현은 1883년 경북 안동군 풍산면 현애동에서 태어났다. 중교의숙中橋義塾 중학과정을 마친 김시현은 충주와 예천 등지에서 잠시 장사에 손을 대기도 했으나 스물아홉 살 때 일본으로 건너가 메이지대학교 전문부 법학과를 졸업하고, 1917년에 귀국했다.

그는 1919년 3·1운동에 참가했다가 경남 상주 헌병대에 체포되어 2개월간 고초를 겪은 후 중국 상하이로 망명했다. 그는 그곳에서 약 3개월을 머문 뒤 만주 지린으로 가서 약산을 만나 의열단에 가입했다. 이후 그는 상하이와 국내를 오가며 군자금 모금, 동지 규합, 무기 구입 등으로 활동하다가 1920년 9월 의열단의 1차 암살폭탄 투쟁인 '밀양폭탄 사건'에 연루돼 1년 동안 복역했다.

1921년 9월 출감한 김시현은 상하이로 재차 망명해 이번에는 당시 독립운동 진영에서 세를 크게 확장하고 있던 '고려공산당'에 가입했다. 당시 의열단은 무정정부주의자가 많았지만 뚜렷한 이념적 장벽을 세워놓지는 않았다. 1920년대 초반 의열단 단원 중에는 민족주의자부터 공산주의자까지 다양한 이념적 스펙트럼이 존재했다. 당시에는 아무도 그것이 나중에 큰 문제가 될 것이라고 생각하지 못했다.

김시현은 공산당 입당을 계기로 1922년 초 러시아 모스크바에서 열린 '극동민족대회'에 참석했다. 극동 지역의 공산주의 단체들이 참석한 이 대회에선 약소민족의 해방운동이 핵심 의제로 논의됐다. '조선처럼 민중의 의식이 낮아 일상적인 선전활동만으로 혁명투쟁을 기대하기 어려우며 먼저 암살폭탄 투쟁 등을 통해 투쟁의식을 고취시켜야 한다'는 방침이 결정됐다. 이는 이미 김시현이 갖고 있던 의열 투쟁 노선과 크게 다르지 않았다.

실제로 이 무렵 대규모 폭탄 거사를 앞두고 자금난으로 고생하던 의열단은 고려공산당의 자금 지원을 받아 협력 투쟁을 벌이기로 했다. 두 단체에 소속된 김시현은 이런 투쟁 방침을 적극 실천에 옮기기 위해 그해 7월 경성으로 되돌아왔다. 그는 경성에 머물면서 중국에 있는 약산이나 고려공산당 간부인 장건상 등과 꾸준히 연락을 주고받으며 거사를 준비하고 있었다.

그는 1922년 12월 중순에 김한을 대신해 중국 톈진에서 경성으로 신형 폭탄을 밀반입할 준비를 하라는 약산의 지시를 전달받았다. 열정적인 성격의 김시현은 그토록 바라던 암살폭탄 투쟁의 기회가 눈앞에 다가오자 매우 기뻤다. 그는 자신의 주변에서 폭탄 반입을 도울 사람들을 물색했다.

얼마 후 톈진에 있는 약산에게 사람을 보내 편지 한 통을 전달했다. 편지를 뜯어본 약산은 놀라지 않을 수 없었다. 거기에는 '경기도 경찰부 고등경찰계 황옥 경부가 폭탄 반입 등을 도와주기로 했다'는 내용이 담겨 있었다.

"경찰이 우리를 도와준다고?"

물론 현직 경찰관이 의열단을 도와준다면 만주 국경을 넘어 국내로 폭탄을 반입하는 작업이 훨씬 수월해질 것이 분명했다. 하지만 과연 일제의 주구인 고등계 형사의 말을 믿어도 될까? 그 자가 만약 우리 조직을 갖고 놀려는 의도라면 자칫 의열단 조직 전체가 한 번에 와해될 수도 있었다.

김원봉은 김시현이 적극적으로 추천하는데도 황옥 경부의 정체를 의심하지 않을 수 없었다.

고성능 폭탄개발
비사 秘史

약산 김원봉과 달리 김시현은 황옥 경부를 신뢰하고 있었다. 그와 남다른 인연이 있기 때문이다. 김시현이 황옥을 처음 만난 것은 1920년 '밀양폭탄사건' 때였다. 의열단은 그해 6월 국내에서 대규모 폭탄투쟁을 벌이기 위해 밀양으로 폭탄을 반입했다. 또한 의열단원 곽재기, 이성우, 황상규, 윤세주, 신철휴, 윤치형, 김기득 등이 폭탄을 투척하기 위해 국내에 잠입했다.

하지만 경기도 경찰부의 고등계 형사 김태석에게 거사 계획이 발각되는 바람에 거사 직전 단원들이 대대적으로 체포됐다. 김시현도 이 사건으로 수배를 받다가 그해 9월 대구에서 체포됐다. 경찰은 김시현을 대구에서 경성으로 압송했다. 그때 김시현을 호송

한 경찰이 바로 황옥이었다. 다른 경찰과 달리 수갑에 묶인 김시현을 호의적으로 대해줬다. 그 덕분에 김시현은 경성까지 가는 과정에 황옥과 많은 이야기를 나눌 수 있었다.

황옥은 1919년 평양법원 서기로 근무하던 도중 3·1운동이 발생하자 같은 법원의 홍진 판사와 함께 독립운동을 하기 위해 상하이로 망명했다. 그러나 원서기로 근무한 전력前歷 때문에 오히려 '밀정'으로 의심받아 생명까지 위험했다. 하는 수 없이 상하이에서 독립운동을 하겠다는 야망을 접고 귀국길에 올라야 했다.

경성으로 돌아온 황옥은 총독부의 책임 추궁을 피할 수 없었다. 그는 살아남기 위해 상하이의 독립운동 동향을 상세히 보고했다. 이런 정보 보고와 법원 근무경력 등을 인정받아 경찰로 특채될 수 있었다.

하지만 경찰로 복무하면서도 독립운동에 대한 미련을 버리지 못했다. 겉으로는 경찰로 활동하면서 안으로는 독립투사들과 비밀리에 연락을 주고받고 있었다.

> "황옥은 경기도 경무국의 고급 정탐으로서 독립운동자들과도 비밀한 연락을 하고 있어서 내가 서울에서 김한과 같이 활동하고 있을 때에 나도 그를 만나보았었다."
>
> 유자명의 《나의 회억》 중에서

황옥은 김시현이 1921년 9월 출옥하자 그를 자기 집에 머물게 해줬다. 그리고 김시현이 상하이로 탈출하자 여비 50원을 지원했다. 김시현은 상하이로 가자마자 곧 고려공산당에 가입했고, 1922년 1월부터 2월까지 러시아 모스크바에서 열린 '극동민족대회'에 참석했다. 황옥도 국내에서 공산당원으로 가입했다. 둘의 관계는 경찰과 사상범에서 사상적 동지 사이로 발전했다.

이런 남다른 인연 때문에 김시현은 황옥을 '사상적 동지'라고 굳게 믿고 약산 김원봉에게 천거했다. 현직 경찰 신분인 황옥을 잘 이용한다면 일제의 감시를 쉽게 따돌리고 거사를 성공시킬 수 있을 것 같았다.

그러나 김원봉은 김시현이 추천했는데도 황옥에 대한 확신이 서지 않았다. 일제 고등계 형사들은 독립운동 단체의 내부 동향을 파악하려고 조선인 밀정을 고용하거나 자신이 직접 독립운동 인사들과 친분을 맺기도 했다. 실제로 이들 때문에 상하이임시정부와 의열단 등 많은 독립운동 단체들이 큰 위기를 겪기도 했다.

특히 일본 경찰은 1921년 9월 조선총독부 폭탄투척과 1922년 3월 상하이 황푸탄 저격사건 이후에 항상 의열단을 추적하고 있었다. 그들은 의열단을 와해시키고 핵심인물을 검거하는 데 집요한 공작을 벌이고 있었다. 만약 황옥도 그런 의도로 의열단에 접근한 것이라면 조직 전체가 위험해질 수도 있었다.

1922년 12월 28일, 김시현의 전갈을 갖고 중국 톈진으로 갔던 의열단원 이현준이 다시 경성으로 돌아왔다. 그는 작은 비단 조각을 김시현에게 전달했다. 거기에는 "김시현 동지, 톈진으로 속히 와 주시오. 가급적 황옥 경부를 동반하기 바라오"라는 약산의 메시지가 적혀 있었다.

약산은 김시현과 거사 계획을 조율하면서 동시에 조심스럽게 황옥이란 인물의 진정성을 직접 눈으로 확인하고 싶었던 것이다. 일종의 면접시험을 치르겠다는 뜻이다. 김시현은 곧 바로 황옥에게 약산의 메시지를 알려주며 함께 톈진에 가자고 권했다.

하지만 황옥은 "자네가 알다시피 나는 경찰공무원 신분이기 때문에 중국 톈진까지 가려면 먼저 경기도 경찰부의 출장 허가를 얻어야 하네"라며 난색을 표했다. 출장 허가를 얻어낼 만한 마땅한 구실이 없었던 것이다.

결국 김시현은 황옥을 경성에 놔둔 채 1922년 12월 30일 혼자 톈진으로 갔다. 약산은 톈진에 도착한 김시현을 크게 반겼다. 김시현은 황옥이 함께 오지는 못했지만 반드시 거사를 도와줄 것이며, 이미 국내에도 네댓 명의 새로운 단원이 확보돼 폭탄을 던질 날만 기다리고 있다고 보고했다. 약산은 그에게 조만간 고성능 폭탄 제조와 선전문건 작성 등이 끝나는 만큼 이번 2차 암살파괴 투쟁 준비에 박차를 가해달라고 당부했다.

의열단은 이번 투쟁을 위해 1922년 초부터 중국에서 준비를 많이 했다. 그 중에서도 파괴력 높은 고성능 폭탄을 확보하는 데 가장 심혈을 기울였다.

1919년 11월 9일 만주 길림성에서 처음 결성된 의열단은 그때까지 국내외에서 여러 차례 폭탄 투쟁을 벌였다. 비록 의열단의 첫 투쟁인 1920년 6월 밀양경찰서 폭탄 사건은 실패로 끝났지만 이후 부산경찰서 폭탄 사건(1920년 9월), 밀양경찰서 폭탄 사건(1920년 11월), 조선총독부 폭탄 사건(1921년 9월), 상하이 황푸탄 사건(1922년 3월) 등으로 일제의 간담을 서늘하게 만들었다.

하지만 투쟁 과정에서 문제점도 노출됐다. 가장 큰 문제는 단원들이 목숨 걸고 폭탄을 던졌지만 불발되거나, 폭발하더라도 기대한 만큼 파괴력이 크지 않았던 것이다. 부산경찰서 폭탄사건 때 박재혁이 하시모토 서장을 폭사시킨 게 유일한 암살 성과였다.

반면 조선총독부 폭탄투척 사건의 경우 김익상이 총독부 건물 내부까지 어렵게 잠입해 폭탄 두 발을 던졌다. 그러나 2층 비서과에 던진 첫 폭탄은 아예 터지지도 않았고, 회계과에 던진 두 번째 폭탄도 소리만 요란했을 뿐 파괴력이 크지 않았다. 사이토 총독과 고위관료들을 암살할 절호의 기회를 바로 코앞에서 놓치고 말았다.

다음해 이종암이 중국 상하이의 국제항인 황푸탄黃浦灘에서 일본 육군대장 다나카 기이치에게 폭탄을 던졌지만 불발로 끝났다. 다나카는 나중에 일본 수상까지 오르는 인물로, 군국주의 팽창 전략을 주도했는데 아깝게도 처단할 기회를 놓치고 만 것이다.

반면 이런 투쟁을 벌이면서 의열단이 입은 물적·인적 피해는 상당히 컸다. 이미 경찰에 검거된 단원이 20여 명이 넘었고, 박재혁과 최수봉 등은 거사 현장에서 목숨을 잃었다. 의열단은 그때까지 자체 제작한 소형 폭탄이나 중국 상하이 암시장 등에서 구입한 폭탄을 주로 사용했다. 이런 폭탄은 그 성능이 매우 조잡했다. 이 때문에 1923년 상반기에 국내에서 일제 관공서와 고위 관료, 친일파 등을 상대로 2차 암살폭탄 투쟁을 벌이려던 의열단 입장에선 본격적인 거사에 앞서 고성능 폭탄을 확보하는 일이 시급했다.

당시 중국 상하이와 만주 일대에서 활동하던 무장 독립운동 단체들은 일제에 맞서기 위해 고성능 폭탄 개발을 여러 차례 시도했다. 그러나 자금이 많이 드는 데다 폭탄 제조 기술을 확보하기가 쉽지 않아 번번이 실패로 끝났다.

의열단도 창단 초기부터 폭탄 제조 전문가를 초빙해 기술을 확보하려고 많은 노력을 쏟았다. 대표적인 인물이 중국군 폭탄 제조 기술 교관인 주황周況이다. 약산은 의열단 창단을 몇 개월 앞두고 폭탄 전문가를 수소문한 끝에 상하이에서 그를 만날 수 있었다. 약산은 그를 서간도의 신흥무관학교로 데려갔다. 독립군을 양성하기 위해 세워진 이 학교에서 의열단원들은 주황에게 초보적인 폭탄 제조법을 배웠다.

약산은 또 상하이임시정부의 별동대인 '구국모험단'의 김성근 단장한테서도 폭탄 제조법을 배웠다. 구국모험단은 1919년 6월부터 9월까지 영국인과 중국 광둥인 폭탄 기술자를 초빙해 전 단원이 폭탄을 제조할 수 있었다. 약산도 상하이에서 약 3개월간 그들과 합숙하면서 폭탄 제조법을 전수받았다.

하지만 주황이나 김성근 등의 폭탄 제조 기술은 그리 높은 수준이 아니었다. 의열단의 초기 투쟁에 사용된 폭탄은 대부분 이들에게 배운 기술로 만든 것인데 앞서 말했듯이 파괴력이 기대에 크게 미치지 못했다. 전문적인 연구기관이나 군대 등에서 만든 폭탄에 비하면 조잡한 수준이었다. 실제로 김성근은 1920년 초 상하이 프랑스 조계 안에 있는 자기집에서 부하와 같이 폭탄을 제조하다가 실수로 폭발하는 바람에 그 가족들이 모두 경찰에 체포된 일도 있었다. 전문적인 폭탄 제조 기술자라고 하기에는 여러모로 부족했다.

그런데 약산은 뜻하지 않은 기회에 지금까지 만났던 폭탄 기술자와는 비교할 수 없을 정도로 뛰어난 폭탄 제조 전문가를 소개받게 됐다. 이전까지 꿈도 꾸지 못하던 가공할 만한 위력의 폭탄을 만들 기회를 잡은 것이다.

몽골의 '슈바이처'
이태준

이런 전후 사정 때문에 약산은 2차 암
살폭탄 투쟁을 추진하던 초기부터 고성능 폭탄을 확보하는 문제
를 가장 중요한 과제로 여겼다. 의열단은 수류탄보다는 파괴력이
크면서도 개인이 운반하고 투척하기 쉬운 폭탄을 원했는데, 이를
구하기는 쉽지 않았다.

1920년대 초반 중국 베이징과 상하이, 텐진 등에는 유럽 열강
에서 온 푸른 눈의 외국인이 많이 활동하고 있었다. 대부분 선교
사나 군인, 외교관, 무역상 등이었지만 그 중에는 간혹 폭탄 제조
기술을 가진 퇴역군인이나 기술자도 있었다.

약산은 먼저 베이징에서 그런 기술을 갖고 있는 외국인을 수소
문한 끝에 외국인 폭탄 기술자 세 명을 만날 수 있었다. 그들의 국

적은 이탈리아, 오스트리아, 독일로 각기 달랐다. 약산은 이들이 가진 능력을 평가하기 위해 시험적으로 폭탄 제조를 의뢰했다. 그랬더니 이탈리아와 오스트리아인이 만든 폭탄은 조악한 수준이었고, 독일인이 만든 폭탄만 비교적 우수했다. 하지만 그것조차 약산이 원하는 수준의 고성능 폭탄은 아니었다.

약산은 마땅한 폭탄 전문가를 만나지 못해 한동안 애를 태웠다. 그런데 뜻밖의 인물로부터 도움의 손길을 받았다. 몽골의 수도 고륜庫倫(지금의 울란바토르)에서 의사로 활동하고 있던 조선독립운동가 '이태준'이 그 주인공이다.

이태준은 1883년 11월 21일 경남 함안에서 태어났다. 그는 스물네 살이 되던 1907년에 경성세브란스의학교에 입학하여 1911년 6월 21일에 졸업했다. 그는 훌륭한 의사가 되기 위해 의학교에 진학했지만 재학 시절 의학공부뿐 아니라 항일운동에도 적극적으로 참여했다. 그는 특히 도산 안창호의 권유로 비밀청년단체인 청년학우회의 주요 멤버로 활동했다.

그는 의학교 졸업 후 잠시 세브란스병원에서 일하며 일제의 식민지배 강화에 분개하다가 1911년 10월 중국에서 신해혁명이 일어나자 이에 크게 감동을 받고 망명을 결심했다. 그는 틈틈이 망명 기회를 엿보다가 이듬해 초 조선을 탈출해 중국 난징으로 망명했다.

망명 초기 이태준은 낯선 중국 땅에서 여비가 떨어지고 언어도

통하지 않아 여러모로 고생했다. 그러던 중 우연찮게 중국인 기독교도의 도움으로 기독회의원 의사로 취업할 수 있었다. 그는 낮에는 성실한 의사로 생활하면서 밤에는 항일독립운동에 열을 올렸다. 그는 중국에서 생활이 어느 정도 안정된 1912년 중반부터 중국 정치인과 교류를 시작했으며, 중국 혁명군에 가담한 한인 유학생들과도 친분을 맺었다. 그들을 통해서 조선과 중국, 만주 등을 둘러싼 국제 정세와 항일 연대투쟁의 중요성 등에 눈을 떴다.

그렇게 중국에서 항일운동과 의사생활을 병행하던 이태준은 1914년 홀연히 고륜으로 떠났다. 그의 몽골행은 처삼촌인 독립운동가 우사 김규식金奎植의 권유를 따른 것이다. 김규식은 미국의 로노크Roanoke대학교를 졸업하고 귀국해 새문안교회 장로로 일하면서 독립운동을 하다가 중국으로 망명한 인물이다.

김규식은 이태준에게 일제의 탄압을 피해 몽골 초원으로 들어가 조선독립군 양성을 위한 비밀군관학교를 설립하자고 제안했다. 일제강점기 초기 조선인이 만주, 간도 등에서 군관학교를 세워 활동했지만 일제의 계속된 탄압에 어려움을 겪고 있었다. 김규식은 일제의 손길이 아직 미치지 못하는 몽골이라면 항일독립군을 양성하는 데 안성맞춤이라고 생각했다.

평소 무장 독립운동에 대한 열망이 강하던 이태준도 이런 김규식의 생각에 뜻을 같이해 몽골행을 택했다. 하지만 일제가 독립운동 탄압을 강화하면서 당초 국내에서 보내오기로 했던 군자금이

들어오지 않아 비밀군관학교 설립 계획은 실현되지 못했다.

하지만 이태준은 몽골을 떠나지 않고 1914년 가을 고륜에서 '동의의국同義醫局'이라는 양방 병원을 개업했다. 당시 몽골은 외래 문명과 접촉이 활발해지면서 문명 세계로부터 각종 전염병이 유입되고 있었다. 아직도 전통적인 유목생활에서 벗어나지 못하고 있던 몽골인은 그런 병에 취약했다. 특히 성병 '매독'은 몽골 초원에 빠른 속도로 퍼졌다. 당시 기록을 보면 몽골 국민의 70퍼센트가 감염됐을 정도였다. 그러나 이에 대처할 현대적 의료시설이나 전문 의료 인력은 턱없이 모자랐다. 가난한 유목민 환자들이 할 수 있는 일은 기껏해야 샤머니즘이나 라마교 주문에 의존하는 게 전부였다.

이태준은 이런 참상을 가만히 보고 있을 수 없었다. 그는 몽골 환자들을 자기 병원으로 데려와 헌신적으로 돌봤다. 그의 뛰어난 의술과 헌신적인 노력 덕분에 많은 환자들이 회복됐다. 그 결과 몽골 전역으로 '신통한 의술을 지닌 까레이(고려인) 의사'가 중병을 치료해준다는 소문이 빠르게 퍼져나갔다.

이태준은 몽골에서 '태준' 대신 호인 '대암大岩'을 사용했다. 몽골인은 이를 몽골식으로 '리다인'으로 발음했다. 의사 리다인의 명성은 몽골의 마지막 황제인 잡잔담바 보그트칸의 귀에까지 들어갔다. 보그트칸은 그를 주치의로 임명했으며 1919년에는 몽골의 최고 훈장인 '에르테닌오치르'를 수여했다. 그는 몽골 황실에 자유롭게 드나들며 상류층 인사들과도 교류했다.

이태준은 그 덕분에 몽골에서 많은 명성과 자금을 확보할 수 있었다. 하지만 그는 이를 중국본토와 만주, 러시아 등지에서 진행되던 조선 독립운동을 적극 지원하는 데 대부분 사용했다. 그의 병원은 중국과 몽골, 러시아 일대에 흩어져 활동하던 항일독립투사들의 중간 연락 거점이자 군자금 유통 경로로 활용됐다.

이태준은 1920년 가을 러시아 혁명정부가 조선의 독립운동을 지원하기 위해 상하이임시정부에 거금 200만 루블을 제공했을 때 모스크바에서 상하이까지 이 자금을 운반하는 일을 도왔다.

> "이태준은 단순한 의료생활에 만족하지 않았다. 그도 지사였다. 조국광복을 위해서는 그도 항상 마음을 태우고 있었다. 시베리아 깊숙이 살고 있으면서도 동지들과의 연락은 그치지 않았다. 이태준은 평범한 의사이면서 레닌이 혁명운동을 위해서 상하이임시정부에 보내준 돈 백만 원 중 40만 원을 상해까지 안전히 가지고 가는 중책을 떠맡아 이를 성공시킨 사람이었다."
>
> 《약산과 의열단》 96~97쪽

이태준이 약산 김원봉을 만난 것은 그 무렵이었다. 이태준은 1921년 초 러시아의 지원금을 상하이임시정부까지 운반한 후 몽골로 되돌아가는 길에 베이징에 잠시 들렀다가 지인의 소개로 베이징에서 약산을 만나게 됐다. 이태준은 몽골을 오가는 독립투사들한테서 의열단과 약산의 명성을 익히 들고 있었다. 하지만 실제로 만난 약산은 소문보다 훨씬 젊고 비범한 청년이었다.

두 사람은 열 살 가까이 나이 차이가 났지만 조국이 처한 위기 상황과 항일 독립운동의 과제, 의열단의 투쟁 방향 등을 놓고 장시간 허심탄회하게 대화를 나눴다. 두 사람은 서로의 혁명적 열정에 크게 공감했다. 이태준은 그 자리에서 의열단에 가입했다.

그는 또 약산과 의열단이 폭탄 제조 기술자를 구하느라 애를 먹고 있다는 사실을 알고, 즉석에서 몽골에 있는 헝가리 출신의 기술자 '마자르'를 베이징으로 데려오겠다고 약속했다.

러시아에 포로로 잡혀 고륜에 체류하고 있던 마자르는 다행히 석방됐지만 여비가 없어 본국 헝가리로 돌아가지 못하고 있었다. 열렬한 애국자인 마자르는 자신의 조국 헝가리와 마찬가지로 외세의 침략을 받고 있는 조선의 독립운동에 매우 호의적이었다. 그는 특히 폭탄을 전문적으로 제조할 줄 알았다. 그가 만드는 폭탄은 파괴력이 엄청났다.

이태준의 설명을 들은 약산은 가슴이 뛰었다. 당장이라도 마자르를 직접 만나보고 싶었다. 그는 이태준에게 조만간 마자르를 베이징으로 데려와 달라고 신신당부했다. 그런 뛰어난 폭탄 기술자가 의열단을 도와준다면 일제에게 엄청난 타격을 입힐 수 있을 게 분명했다. 신입 의열단원인 이태준은 그 자리에서 이 부탁을 흔쾌히 승낙하고 몽골로 되돌아갔다.

그러나 그의 앞에는 엄청난 시련이 기다리고 있었다.

scene 1 2 1923

푸른 눈의
의열단원

마자르

1923년 1월 초 어느 날, 중국 상하이에서 20킬로미터 정도 떨어진 작은 섬에 허름한 목선 한 척이 도착했다. 중국인 복장을 한 대여섯 사내가 그 배에서 커다란 궤짝을 끄집어 내렸다. 그 무리에는 푸른 눈의 서양인도 끼어 있었다. 그들은 궤짝 뚜껑을 열고 내용물을 살폈다. 섬 주민 가운데 그들의 수상한 행동을 주시하는 사람은 없었다. 그 섬에는 어부 몇 명만 살고 있어 거의 무인도나 마찬가지였다.

잠시 후 그 중 한 사람이 저편 빈 백사장을 향해 뭔가를 던지자 갑자기 '콰광!!!'하는 폭음과 함께 모래가 공중으로 치솟더니 이내 사방으로 흩어졌다. 건물이나 자동차, 사람 등에 던졌다면 형체를 알아보기 어려울 정도로 박살났을 만큼 대단한 위력이었다.

"와아!"

사내들의 입에서 짧은 탄성과 박수가 쏟아졌다. 그들은 약산 김원봉과 의열단 단원이었다. 새로 개발한 암살·파괴·방화용 폭탄을 시험하고 있는 중이었다. 폭탄은 모두 성공적으로 터졌다. 이전까지 의열단이 사용하던 조잡한 폭탄과는 비교할 수 없을 정도로 성능이 뛰어났다. 그도 그럴 것이 이날 실험한 폭탄은 모두 폭탄 전문가 마자르가 지난 수개월 동안 상하이 비밀폭탄 제작소에서 심혈을 기울여 제작한 것이었다.

의열단이 폭탄을 개발하기까지는 많은 어려움을 겪어야 했다. 의열단은 2차 폭탄암살 투쟁을 준비하면서 폭탄 개발에 엄청난 자금과 열정을 쏟았다. 조직의 운명을 걸었다고 해도 과언이 아니었다. 하지만 돈과 의욕이 폭탄 개발의 전부는 아니었다. 만일 몽골의 '슈바이처' 이태준의 숭고한 희생이 없었다면 애초부터 의열단의 폭탄 개발은 불가능했을지도 모른다.

베이징에서 약산을 만나고 몽골의 수도 고륜으로 돌아간 이태준은 이후 한동안 연락이 없었다. 몽골로 돌아가자마자 마자르를 베이징으로 보내겠다던 약속은 지켜지지 않았다. 약산은 무슨 사연이 있겠지 싶어 이태준한테서 소식이 오기를 애타게 기다렸다. 그러다 한참 후 몽골을 다녀온 지인한테서 뜻밖의 소식을 들을 수 있었다. 이태준이 러시아 백군에게 살해됐다는 비보였다.

이태준이 베이징에서 약산을 만나고 몽골로 돌아간 지 얼마 뒤

당시 상하이 프랑스 조계지가 있었던 곳. 우샹페
마저도 이곳에서 비밀 독립공작을 운영했다.

인 1921년 2월 3일, 러시아 백군의 운게른 스테른베르그 장군의 부대가 고륜을 점령하면서 대대적인 약탈과 학살을 자행했다. 그 와중에 이태준도 이들 손에 붙잡혔다. 운게른은 철저한 반反 볼셰비키주의자이며 열렬한 군주론자로 러시아 동쪽 내륙의 민족으로 구성된 '중앙제국' 건설을 꿈꾸고 있었다. 특히 시베리아와 몽골 등에 근거지를 두고 볼셰비키 혁명군과 싸우고 있었다. 러시아 볼셰비키의 동방 진출을 우려한 일본은 운게른을 전략적으로 지원했다. 운게른의 부대에는 일본군 장교 스물네 명이 참모로 복무하고 있었다.

이 일본군 참모들은 몽골과 만주 일대의 항일운동 동향에 밝았다. 그들은 이태준이 러시아 혁명정부가 상하이임시정부에 제공한 지원금을 운반하는 등 조선의 항일 독립운동에 깊숙이 관여하고 있다는 것도 잘 알고 있었다.

이들은 이런 사실을 운게른에게 일러주며 이태준의 처형을 부추겼다. 인도주의적 의사이며 누구보다도 조선의 독립운동에 바치는 열정이 뜨거웠던 이태준은 서른여덟이라는 젊은 나이로 몽골에서 그렇게 짧은 생을 마쳐야 했다.

약산은 이태준의 억울한 죽음에 비통함을 감출 수 없었다. 그는 단원들과 함께 조국 광복을 보지 못하고 몽골 고원에서 사라져간 이태준의 넋을 기렸다. 안타깝게도 이태준의 죽음으로 이제 의열단이 폭탄 전문가인 마자르와 연락할 길이 끊겼다. 아쉽지만 마자르의 존재는 그렇게 약산의 뇌리에서 서서히 잊히는 듯 했다.

그러나 두 사람의 인연을 끝나지 않았다. 1922년 여름, 약산은 베이징에서 이상한 소문을 들었다. 낯선 서양인이 베이징의 뒷골목 술집을 배회하며 조선인만 만나면 "김원봉을 아느냐? 꼭 만나게 해 달라"고 간청하고 다닌다는 것이다.

약산은 이상한 느낌이 들었다. 단원들을 풀어 은밀히 그 서양인의 행방을 찾았다. 마침내 베이징의 한 술집에서 그를 만날 수 있었다.

"내가 바로 김원봉이오. 왜 나를 찾아다니는 거요?"

"오, 반갑습니다. 마자르라고 합니다."

놀랍게도 그가 바로 이태준이 소개해주겠다던 마자르였다. 혼자서 약산을 찾아 몽골에서 베이징까지 온 것이다. 마자르는 약산에게 그간의 사정을 이야기해줬다. 그는 이태준과 함께 고륜을 떠나 베이징으로 오던 길에 러시아 백군을 만났는데, 이태준은 일본군 장교들의 농간으로 끝내 목숨을 잃었다. 하지만 외국인인 그는 다행히 생명만은 건질 수 있었다. 친구 이태준은 비록 죽었지만 그와의 약속만큼은 꼭 지키고 싶어 혼자서 약산을 찾아 베이징까지 오게 됐다는 것이다.

헝가리 출신인 마자르는 이태준이 설명한 대로 지금까지 약산과 의열단이 접할 수 없었던 뛰어난 폭탄 제조 전문가였다. 또한 조선을 비롯한 약소민족의 독립운동을 열렬히 지지했다. 그는 고

류에 있던 시절 자동차 운전수로 일하며 이태준의 항일독립운동을 도왔다. 이태준은 중국 장자커우張家口에서 의사로 활동하던 김현국 형제와 손잡고 장자커우-고륜 간을 왕래하는 조선인 독립 투사에게 차량을 제공했다. 마자르는 바로 그 차를 운전하는 역할을 담당했다.

마자르의 가세로 의열단은 좀 더 체계적이고 효과적인 암살파괴 활동을 준비할 수 있게 됐다. 약산은 일단 마자르를 은밀히 상하이로 데려갔다. 그는 상하이 프랑스 조계 내에 마자르의 이름으로 양옥 한 채를 구입했다. 많은 항일 독립운동가가 일제의 감시를 피해 이곳에서 활동했다. 약산과 마자르도 이곳에서 비밀 폭탄 공장을 운영했다.

당시 상하이에는 일본 경찰이 주재하면서 조선인 밀정들을 풀어 조선 독립운동 단체의 동향을 감시했다. 특히 1920년 이후 여러 차례 폭탄투쟁을 펼친 의열단은 일제의 특별경계 대상이었다. 그들은 의열단과 관련된 조그만 정보라도 놓치지 않으려고 혈안이 돼 있었다. 일제의 이런 치밀한 감시를 피하려면 철저한 보안이 필요했다.

약산은 새로 구입한 양옥집의 지하실을 폭탄 제조 작업실로 개조했다. 그리고 현계옥이라는 여성 동지를 마자르와 같이 살도록 했다. 동네 사람들은 젊은 외국인이 아리따운 동양 여성과 동거하고 있는 것으로만 여겼다. 또한 블라디보스토크에 오래 거주해 러시아어에 능통한 의열단원인 이동화는 이 집의 요리사를 맡았다. 하지만 실제로는 마자르의 폭탄 제조를 돕는 조수 역할이었다. 이런 철저한 위장 덕분에 밀정들도 마자르의 집이 폭탄공장이라는 생각은 꿈에도 하지 못했다.

폭탄을 만들기 위해선 우선 재료가 필요했다. 당시 상하이에서 폭탄 재료와 화공 약품을 파는 가게는 일본 조계 안의 '삼정양행' 뿐이었다. 하지만 일본인 상인은 조선인에게는 폭탄 재료가 될 만한 것은 절대 팔지 않았다. 의열단의 폭탄 투쟁이 빈번하게 일어나자 일본 경찰의 통제와 감시도 심한 상황이었다. 약산은 꾀를 내어 중국혁명당 동지들의 도움을 받았다. 현지 중국인이 찾아가서 폭탄 재료를 조금씩 사들이니까 주인도 의심하지 않고 내줬다. 덕분에 약산은 어렵사리 폭탄 재료를 구할 수 있었다.

모든 여건이 갖추어진 1922년 가을부터 마자르와 이동화는 날마다 지하실에 내려가 폭탄 만드는 일에만 몰두했다. 약산은 2, 3일마다 비밀공장에 들러 상황을 점검했다. 얼마 지나지 않아 지하실 한 쪽에 약산과 의열단이 그토록 고대하던 고성능 폭탄이 쌓이기 시작했다.

약산과 단원들이 상하이 앞바다의 한 섬에서 시험한 폭탄들은 바로 이렇게 개발됐다.

신채호와 '조선혁명선언'

마자르의 도움으로 폭탄 제조가 순조롭게 진행되는 동안 약산은 또 다른 준비 작업을 시작했다. 의열단은 이번 2차 암살파괴 투쟁을 통해 나라를 뺏기고 실의에 빠진 조선 민중에게 항일정신과 독립염원을 일깨우고 싶었다. 그러나 행동(암살파괴 투쟁)만 있고 적절한 선전 작업이 뒤따르지 못하면 민중은 외형적인 폭력만 볼 수밖에 없었다. 그럴 경우 단원들이 목숨 걸고 싸웠지만 정작 그 투쟁의 정신과 의미는 조선 민중에게 제대로 전달되지 못하고 끝날 수 있었다.

약산은 이미 그때까지 벌인 수차례의 폭탄투쟁 경험에서 이런 맹점을 뼈저리게 느끼고 있었다. 의열단의 투쟁에 박수를 보내는 이들도 있었지만 항일 독립운동계 내부에서조차 의열단의 암살파괴 운동을 '과격모험주의'로 비판하는 목소리도 적지 않았다. 이들은 주로 구미 열강과 외교를 통해 조선독립을 쟁취하자는 '외교론'과 당장 일제와 싸울 만한 힘이 없으니까 적절한 시기가 올 때까지 당분간 민족 내부의 역량을 키우자는 '준비론' 등을 펴는 세력이었다.

약산은 이 주장의 허구성을 폭로하고, 민중에게 의열단 투쟁의 올바른 의미와 비전을 전달하기 위한 이론화 작업이 필요하다고 느꼈다. 그때까지 의열단은 1919년 창단 때 만든 '공약10조'라는 내부 강령 외에는 폭력투쟁의 정당성을 대내외에 천명할 만한 뚜렷한 이론이나 문건이 없었다.

당시 중국에서 활동하던 많은 좌우파 독립운동 단체들이 내부 이념 체계와 강령을 갖추고 조직적으로 사상 선전활동을 펼치던 것에 비하면 의열단의 이념적 토대나 선전활동이 매우 취약했다. 따라서 1923년 조직의 사활을 걸고 조선 내에서 대규모 암살파괴 투쟁을 벌이기로 한 만큼 그 전에 민중에게 공개적으로 제시할 수 있는 의열단의 무력투쟁 노선과 이념을 정립하는 일이 시급한 과제였다.

의열단 내에도 항일 독립운동에 대한 열정과 도전의식이 뛰어난 단원들이 많았다. 그러나 국제정세를 분석하고 차분하게 투쟁 노선을 정립하고 그것을 문장으로 풀어낼 만한 냉철한 이론가는 턱없이 부족했다. 그런 작업을 하려면 조직 외부의 이론가를 찾을 수밖에 없었다.

약산은 중국에서 활동하던 많은 항일 독립운동 이론가 중에서 단재 신채호를 최적임자로 선택했다. 당시 신채호의 명성은 이미 독립운동에 몸담고 있는 사람이라면 모르는 사람이 없을 정도였다. 그는 민족사학의 선구자이며 걸출한 독립운동 사상가였다. 동서고금에 밝았고, 국제 사상 조류에도 해박했다. 무엇보다도 독립운동 진영 내에선 '이승만'으로 대표되는 '외교론'을 강하게 비판하면서 무력투쟁 노선을 주장하던 인물이었다.

신채호는 또 일본놈이 지배하는 땅에서는 절대로 머리를 숙이지 않겠다며 '옷 한 벌을 다 적시면서도 꼿꼿이 서서 고개를 숙이지 않고 세수한다'는 일화로도 유명하다. 약산은 그런 올곧은 인물이라면 의열단의 투쟁과 전략에 '혼'을 불어넣어 줄 수 있을 것으로 생각했다.

상하이 비밀작업실에서 폭탄이 한창 만들어지고 있던 1922년 겨울, 약산은 베이징에 머물고 있는 단재 신채호를 은밀히 찾아갔다.

"인사 올리겠습니다. 김원봉이라고 합니다."

신채호는 자신을 찾아온 젊은이(당시 스물네 살이었다)가 의열단 단장인 약산 김원봉이라는 것을 알고 깜짝 놀랐다.

"의열단의 김원봉, 바로 그 김원봉이란 말이오?"

그도 그럴 것이 이것이 두 사람의 첫 만남이었다. 약산은 독립운동가 사이에서도 좀처럼 만나기 어려운 인물이었다. 약산은 항상 일제의 추적과 정탐을 받고 있었기 때문에 한 곳에 오래 머물지 않는 데다 변장술에도 능했다. 의열단원 외에는 그와 직접 만나기가 쉽지 않았다. 일제는 당시 거물급 독립운동가에게 체포령과 함께 현상금을 내걸었는데, 약산은 그 중에서도 가장 많은 현상금이 걸려 있었다. 그만큼 일제에게는 가장 위협적이면서도 잡기 어려운 인물이었다.

"선생님, 죄송합니다. 인사가 늦었습니다."

약산은 신채호에게 의열단의 행동강령과 투쟁 목표, 향후 투쟁 계획을 숨김없이 털어놓았다. 그리고 머리 숙여 의열단의 이념과 정신을 담을 '조선혁명선언' 집필을 부탁했다.

> "저희는 지금 상해에서 왜적을 무찌를 폭탄을 만들고 있습니다. 한 번 같이 가서서 구경 안하시겠습니까? 겸하여 우리 의열단의 혁명선언도 선생님이 초하여 주셨으면 좋겠습니다."
>
> 《약산과 의열단》 104쪽

3·1만세운동 이후 항일 독립운동은 침체기에 빠져들었다. 급기야 최근에는 독립운동 세력의 내부에서조차 일제와 대놓고 타협하려는 세력이 활개 치고 있었다. 신채호 역시 그런 상황을 걱정하고 있던 참이었다. 그는 그 자리에서 흔쾌히 약산의 '특별한

부탁'을 수락했다.

약산과 신채호는 그 길로 상하이로 갔다. 신채호는 먼저 프랑스 조계 안에 마련된 비밀폭탄 제조 공장을 둘러보았다. 그곳에선 마자르와 이동화가 이미 여러 종류의 새 폭탄을 만들어 쌓아놓고 있었다. 선비 출신인 신채호의 눈에는 그 광경이 너무도 놀랍고 장해 보였다. 이런 철저한 준비라면 약산의 말대로 의열단이 곧 조선 반도에 거대한 항일투쟁의 폭풍을 몰고 올 것이 분명했다. 그는 이 역사적인 투쟁에 자신이 조금이나마 힘을 보탤 수 있다는 사실에 자부심을 느꼈다.

그는 약산의 소개로 중국인 모 전염병원장의 부인인 조씨댁에 거처를 잡고 두문불출하며 집필에 들어갔다. 약산이 말한 의열단의 취지와 동서고금의 혁명 사상을 참고하여 정성 들여 써나갔다. 그로부터 한 달 정도 지난 1923년 1월 하순, 신채호는 마침내 "강도 일본이 우리의 국호를 없이하며, 우리의 정권을 빼앗으며, 우리 생존의 필요조건을 다 박탈하였다."로 시작되는 6400여 자 분량의 '조선혁명선언'을 탈고했다.

"우리는 혁명수단으로 우리 생존의 적인 강도 일본을 죽여 없앰이 곧 우리의 정당한 수단임을 선언하노라.…… 우리는 우리의 생존의 적인 강도 일본과 타협하려는 자(내정독립·자치·참정권 등을 주장하는 자)나 강도정치하에서 기생하려는 주의를 가진 자(문화운동자)나 다 우

205

리의 적임을 선언하노라.…… 우리는 끊임없는 폭력, 암살, 파괴, 폭동으로써 강도 일본의 통치를 타도하여 이상적 조선을 건설할지니라.…… 민중은 우리 혁명의 대본영이다. 폭력은 우리 혁명의 유일한 무기이다. 우리는 민중 속에 가서 민중과 손을 잡고 끊임없는 폭력·암살·파괴·폭동으로써 강도 일본의 통치를 타도하고 우리 생활에 불합리한 일체 제도를 개조하여 인류로써 인류를 압박치 못하며, 사회로써 사회를 박탈치 못하는 이상적 조선을 건설할지니라."

신채호의 '조선혁명선언' 중에서

신채호는 이 선언문에서 특유의 강건하면서도 날카로운 문체로 조선독립을 위한 '민중직접혁명론'을 새롭게 정립하고 무력투쟁 노선과 비전을 제시했다. 그는 자치론과 '강도정치하에 기생하려는' 문화운동자는 모두 조선민중의 '적'이라고 규정했다. 또 상하

신채호와 조선혁명선언

이임시정부 내에서 꾸준히 제기되고 있던 '외교론'이나 '준비론'에 대해서도 '일장一場의 잠꼬대'요, '미몽'일 뿐이라고 준열하게 비판했다. 일명 '의열단 선언'이라고도 불리는 신채호의 '조선혁명선언'은 지금도 일제강점기에 독립운동세력의 혁명정신과 폭력투쟁의 정당성을 가장 잘 표현한 문건으로 높게 평가받고 있다.

약산과 의열단 동지들은 모두 신채호가 건넨 원고를 읽고 감격에 겨웠다. 그들이 그토록 위험을 감수하면서 조선 민중에게 알리고 싶었던 내용이 한 자도 빠짐없이 담겨 있었기 때문이다. 의열단 단원들은 이후 이 선언문을 자신의 분신처럼 항상 휴대하고 다니며 투쟁의 의지를 다졌다. 약산은 이 선언문을 '조선총독부소속 관공리에게'라는 문건과 함께 대량으로 인쇄해 1923년 초 의열단의 동시 다발적 폭탄투쟁과 함께 조선 내에 뿌릴 계획이었다.

의열단이 그토록 원하던 '고성능 폭탄'이 만들어졌고, 사상적 무기인 '조선혁명선언'도 만들어졌으니 이제 폭탄과 선언문을 국내로 반입해 거사를 실행하는 일만 남아 있었다. 약산과 의열단원들은 벌써부터 곧 다가올 거대한 투쟁에 대한 기대감으로 설레고 있었다.

때마침 경성으로부터 약산에게 중요한 전갈이 왔다. 황옥 경부가 보낸 것이었다.

약산과 황옥의
극적인 만남

약산과 의열단이 그렇게 중국 상하이에서 폭탄 제조와 선전문 인쇄 작업을 하고 있는 동안 경성에서는 총독부와 경찰을 발칵 뒤집어놓은 폭탄투쟁이 발생했다.

1923년 1월 12일 경성 종로경찰서에 누군가 사제폭탄을 투척한 것이다. 이 사건의 여파는 엄청났다. 경찰은 경찰 병력을 총동원해 '폭탄투척 범인'의 추적에 나섰다. 경성 시내 곳곳에 경찰이 깔렸으며, 만주 국경이나 항만에도 검색이 크게 강화됐다.

국내에 미리 잠입해 2차 암살폭탄 투쟁을 준비하던 의열단 단원들도 갑작스런 사태에 신변의 위험을 느껴야 했다. 당연히 폭탄 거사 일정에도 차질이 불가피했다. 특히 약산과 상하이임시정부의 지시를 받고 경성에서 군자금 모집과 폭탄암살 투쟁을 벌이기 위해 잠입한 김상옥이 경찰 감시망에 걸려들었다. 그는 1월 17일 삼 판통의 은신처가 탄로나 경찰과 총격전을 벌인 데 이어 23일 효제 동에서 무장 경찰 1000여 명을 상대로 총격전을 벌이다 자결했다.

이 사건으로 경성은 물론 조선 전역이 발칵 뒤집혔다. 총독부와 경찰은 김상옥의 격렬한 저항에 경악했다. 김상옥 사건으로 의열 단의 존재는 다시 한 번 일제 수뇌부는 물론 조선 민중의 머릿속 에 뚜렷하게 각인되었다.

김상옥 사건은 황옥 경부에게도 뜻밖의 기회를 제공했다. 당시 황옥은 1922년 12월 약산을 만나러 톈진으로 떠난 김시현이 돌 아오기만을 기다리고 있었다. 그가 돌아와야 약산의 구체적 투쟁 계획과 자신이 해야 할 일을 알 수 있었기 때문이다. 그런데 김상 옥 사건이 터지면서 상황이 급박하게 돌아갔다. 종로서 폭탄 피 습범을 잡기 위해 황옥을 비롯한 경기도 경찰부의 전 직원이 총 동원됐다.

경찰은 가장 유력한 용의자로 김상옥을 지목하고 추적했으나 그가 막판 자결하는 바람에 생포에 실패했다. 이 때문에 경찰은 김상옥이 종로서 폭탄투척 범인이라는 것을 뒷받침할 뚜렷한 진 술이나 증거를 하나도 확보하지 못했다. 김상옥의 동지와 주변 인 물 들을 붙잡아 취조해봤지만 정확한 사건의 실체를 밝히기 어려 웠다. 경찰 수사는 한동안 답보 상태를 지속했다.

1923년 2월 초, 경기도 경찰부 고등경찰과 히가시 과장은 황옥을 자기 사무실로 호출했다. 성품이 온화하고 머리회전이 빠른 데다 정보 수집과 정탐 능력이 뛰어났던 황옥은 조선인 출신인데도 히가시 과장의 두터운 신임을 받고 있었다.

히가시는 황옥에게 중국 톈진으로 가서 종로서 폭탄투척 진범과 그 배후세력을 명확히 밝히라는 명령을 내렸다. 특히 세간에서 이번 종로서 폭탄사건의 배후로 거론되고 있는 약산 김원봉과 의열단을 추적해 사건 연루 여부를 캐내라고 지시했다. 그는 특히 "상부에서 주시하고 있는 사건인 만큼 한 점 의혹도 없이 배후를 밝히라"고 당부했다.

황옥은 내심 쾌재를 불렀다. 그는 바로 얼마 전 경찰 상부의 허가를 얻지 못해 톈진에서 만나자는 약산의 요청을 수락하지 못했는데 이제 합법적으로 톈진으로 가 약산을 만날 수 있게 된 것이다.

황옥은 곧 출장준비에 들어갔다. 그는 경기도 경찰부 고등과 동료인 하시모토 경부보와 조선인 밀정 한 명을 대동하고 가겠다고 상부에 보고했다. 혼자서 가는 게 편하기는 했지만 나중에 문제가 생겼을 때 '알리바이'를 조작할 필요가 있을 것 같아 동료 하시모토를 대동키로 한 것이다.

동행할 조선인 밀정으로는 친일파 판사 백윤화 집 강도사건의 범인으로 붙잡혔다가 자신이 손을 써 빼낸 유석현을 데리고 가기로 했다. 유석현은 이미 약산과 면식이 있는 데다 중국어와 현지 사정에도 밝아 여러모로 쓸모가 있었다. 황옥은 유석현에게 중국

식 복장으로 변장하고 이름도 '김세진'이라는 가명을 쓰게 했다.

1923년 2월 8일, 황옥은 하시모토와 김세진(유석현)을 대동하고 남대문역을 떠났다. 중간에 만주 안둥 현에서 1박을 하면서 약산에게 "만나고 싶다"는 전보를 비밀리에 보냈다. 약산은 때마침 톈진에 머물며 프랑스 조계 내에 살고 있는 미국군인 이 모 씨를 통해 권총을 얻어내려고 시도하고 있었다. 이 모 씨는 원래 조선 사람으로 톈진의 미국 병영에서 기관총수로 근무하고 있었다. 약산은 그를 통해 이번 거사에 사용할 신형 권총을 확보하려던 참이었다.

약산은 황옥의 전보를 받고 흔쾌히 만남을 수락했다. 하지만 의열단 내에서 반대가 심했다. 황옥이 독립운동을 비밀리에 지원하고 있다고는 하지만 어쨌든 친일경찰의 외피를 입고 있는 것만은 분명한 사실이었다. 섣불리 황옥을 믿었다가 배신이라도 당한다면 큰일이 아닐 수 없었다.

일제는 독립운동단체의 내부 인물을 매수하거나 밀정을 침투시켜 독립운동 세력의 동향이나 투쟁계획을 탐지하곤 했다. 그들은 조선뿐 아니라 중국 상하이나 베이징, 만주 등 해외 독립운동 근거지에도 촉수를 뻗쳐놓고 있었다. 이들은 워낙 교묘하게 신분을 감추고 있어서 쉽게 분간하기 어려웠다. 밀정의 염탐으로 투쟁계획이 경찰에 적발되고 조직이 큰 타격을 입은 후에야 자신들이 밀정에게 속았다는 것을 아는 경우도 적지 않았다. 이 때문에 독립운동가 사이에서는 서로를 쉽게 믿을 수 없는 '불신'이 커가고 있던 터였다.

그런 일본 경찰이 체포하려고 가장 혈안이 된 조직이 의열단이었다. 특히 1922년 3월 상하이 황푸탄 부두에서 일본 육군대장이자 나중에 일본 수상 자리에 오르는 다나카 기이치를 폭탄암살하려 했던 사건 이후부터는 더욱더 의열단 추적에 열을 올리고 있었다.

의열단 두목 김원봉의 목에는 항상 거액의 현상금과 승진 포상이 걸려 있었다. 국내에서 독립투사를 많이 잡아 경부 계급까지 승진한 황옥이 약산에게 접근하려는 것도 어쩌면 이런 체포 노력의 하나일지 몰랐다. 단원들은 이 점을 걱정하고 있었다.

약산도 이런 내부의 우려를 모를 리 없었다. 하지만 김시현은 황옥이 비록 일본 경찰의 녹을 먹고 있었지만 조선 독립운동을 비밀리에 도와주고 있었으며, 타고난 성품이 곧고 강직하기 때문에 함부로 배신할 인물이 아니라고 설명했다. 황옥은 특히 당시 독립운동 세력 가운데 빠르게 세를 확장하고 있던 '고려공산당'에도 가입된 상태였다. 현직 경부가 공산당에 가입된 것만 봐도 범상치 않은 자임에는 틀림없었다.

김시현의 설명이 사실이라면 황옥이 이번 거사를 도와줄 경우 성공 확률은 더욱 높아질 게 분명했다. 일제도 자신들의 주구 노릇을 하는 현직 경부가 의열단원으로 변모해 자신들에게 폭탄을 던지리라고는 생각지도 못했을 것이다. 약산은 주변에서 강하게 만류하는데도 직접 황옥을 만나 그의 "진정성'을 확인해보기로 했다.

황옥 일행이 2월 11일 텐진역에 도착하자 약산의 지시로 의열단원 남영득이 마중 나와 있었다. 황옥은 동행한 하시모토 경부보의 의심을 따돌리기 위해 남영득을 예전부터 알고 있던 밀정이라며 자연스럽게 대했다. 이 때문에 하시모토는 남영득이 약산의 메시지를 갖고 온 인물이라고는 생각하지 못했다.

황옥 일행은 텐진의 일본 조계 안 '태양여관'에 거처를 정했다. 황옥은 남영득을 통해 약산에게 이 여관으로 오라는 회신을 보냈다. 하지만 이미 일본 경찰의 집중 추적을 받고 있던 약산이 일본 조계 안으로 들어가는 것은 제 발로 호랑이 굴로 걸어들어가는 것과 마찬가지였다. 당시 중국은 베이징, 상하이, 텐진 등 주요 도시마다 열강의 조계가 설정돼 있었다. 그 조계 안에서는 해당 국가가 사법권을 갖고 있었다.

의열단 내부에선 황옥의 요청이 일본 경찰이 활개 치고 있는 위험지역으로 약산을 끌어들이려는 '간계'라며 그의 일본 조계행을 반대했다. 약산은 이런 반대를 받아들여 일본 조계의 '태양여관'으로 가는 대신 황옥에게 프랑스 조계의 '중국여관'으로 오라고 답장을 보냈다.

이를 통해 황옥의 진심을 떠보자는 생각이었다. 일본 경찰 신분인 황옥도 항일 독립투사들이 대거 거주하는 프랑스 조계로 넘어오는 것은 아무래도 위험할 수밖에 없었다. 약산은 황옥이 이번 거사에 진정성을 갖고 있다면 위험을 무릅쓰고 올 것이고, 아니라면 피할 것으로 생각했다.

황옥은 약산의 전갈을 받자마자 하시모토에게 약산의 행방을 추적하겠다며 유석현을 데리고 프랑스 조계 내로 넘어왔다. 그는 약산을 만나기 위해 중국여관으로 찾아왔다. 드디어 일제가 가장 두려워하는 항일 독립운동 단체의 수장과 일제의 총애를 받고 있는 조선인 출신 고등계 형사가 극적으로 만났다.

폭탄, 경성으로 떠나다

일본 경찰에게 약산 김원봉은 베일에 싸인 인물이었다. 경남 밀양 출신이며 나이가 스물다섯 살 정도라는 것 외에는 그에 대해 별로 알려진 게 없었다. 고등경찰과 밀정들이 그의 소재와 동태를 파악하려고 온갖 공작을 벌였지만 워낙 신출귀몰해 번번이 실패하고 말았다.

"그는 고전적인 유형의 테러리스트로 냉정하고 두려움을 모르며 개인주의적인 사람이었다. 그는 거의 말이 없었고 웃는 법이 없었으며 도서관에서 독서를 하면서 시간을 보냈다. 일본 관헌은 그에 대한 산더미 같은 조사 자료를 만들어 놓고 현지의 다른 어떤 한국인보다 그를 체포하려고 혈안이 돼 있었다."

일제강점기 내내 약산뿐만 아니라 의열단에 대해서도 전설 같은 이야기들이 많이 떠돌았다. 당시 언론보도에 따르면 의열단 조직은 '폭탄부'와 '권총부'로 나뉘어 활동했다. 폭탄부에서는 폭탄 만드는 법과 투척하는 법을 훈련하고, 권총부에서는 암살 저격 훈련을 연마했다. 특히 권총부에서는 단원끼리 서로의 머리 위에 배를 올려놓고 권총으로 쏘아 맞추는 훈련을 했다고 알려졌다. 동지가 쏜 총알이 조금이라도 빗나갈 경우 자신이 즉사할 수도 있었지만 많은 단원들은 조금도 죽음을 두려워하지 않았다고 한다.

언론의 과장보도인지 아니면 실제로 당시 의열단이 이런 '지옥 훈련'을 했는지는 확실치 않지만 어떤 항일 독립운동 단체보다 규율과 훈련이 엄격했던 것만은 분명하다. 이 때문에 일제강점기 내내 경찰이 제 아무리 의열단 체포 파괴공작을 펴도 조금도 흔들리지 않고 계속 투쟁할 수 있었다.

그래서일까, 약산과의 만남을 앞두고 황옥 경부도 긴장을 풀 수 없었다. 한 번도 경찰 앞에 얼굴을 드러내지 않던 약산을 경찰로서는 자신이 처음 만나는 것이기 때문이다.

"먼 길 오시느라 수고했습니다. 황옥 동지!"

황옥이 중국여관에 당도하자 약속대로 약산이 기다리고 있었다. 그는 황옥이 예상했던 것보다 훨씬 젊었다. 서른여덟인 황옥보다 열세 살이나 어렸지만 외모에서부터 범상치 않은 기품이 느껴졌다.

두 사람은 술을 마시며 마치 오래된 친구처럼 그간의 이야기를 허심탄회하게 나눴다. 황옥은 자신이 3·1운동 직후 한때 상하이로 망명한 이야기부터 사상적 동지인 김시현을 처음 만난 일, 이후 여러 독립투사를 음으로 양으로 보호해준 일 등을 약산에게 설명했다. 황옥은 자신이 친일경찰의 외피를 입고 있지만 나라와 민족의 운명을 걱정하고 있고, 의열단을 포함해 항일 독립운동 세력에 조금이라도 도움을 주고 싶어 한다는 진심을 약산에게 알리고자 노력했다.

약산은 그런 황옥에게 진정성을 느끼고 경계심을 풀었다. 자신이 직접 눈으로 확인한 황옥은 김시현의 설명 그대로였다. 약산은 자연스레 황옥에게 의열단의 독립운동 방략과 활동 그리고 이번 2차 암살파괴 투쟁의 필요성을 열정적으로 설명했다.

약산은 특히 "폭탄을 조선 내로 반입하여 관공서를 파괴하고 관공리를 암살하여 조선인의 각성을 촉구할 것이며, 이를 위해 이미 암살용·파괴용·방화용 등 신형 폭탄을 제조해 준비해뒀다"면서 "이제 폭탄 반입만 남았는데 그 일을 황옥 동지가 맡아서 도와주시오"라고 부탁했다.

황옥은 이 제의를 기꺼이 승낙했다. 그는 "비록 지금은 일제의 주구로 일하고 있지만 마음속으로는 항상 조선 독립운동을 향한 뜨거운 열정을 갖고 있다"며 앞으로 약산과 의열단을 도와 독립 운동에 '분골쇄신'하겠다는 뜻을 밝혔다.

의기투합한 두 사람은 그날 이후 여러 차례 회합을 가졌다. 약산도 술을 잘 마셨지만, 황옥도 만만치 않은 주량을 자랑했다. 둘은 밤마다 톈진의 술집을 전전하며 폭탄 밀반입의 세부적 계획 등을 세우느라 이야기꽃을 피웠다.

함께 출장 온 하시모토 경부보는 황옥이 약산의 행방을 쫓고 있는 줄만 알고 있었다. 경성 경무국도 황옥을 전혀 의심치 않았다.

> "어느 날 황옥은 경기도 경찰부로부터 자기에게 온 밀전密電을 약산에게 보여 주고 같이 크게 웃었다. 그 전보는 "의열단장 김원봉이 상하이를 떠나 북쪽으로 간 듯하다는 정보가 있으니, 그곳에서 더욱 정세精細히 종적을 알아보라." 하는 것이었다."
>
> 《약산과 의열단》, 125쪽

일본 경찰이 그렇게 헛다리를 짚고 있는 동안 약산은 김시현과 황옥 등과 함께 2차 암살폭탄 투쟁의 세부적 계획을 짰다. 폭탄 반입의 경우 1차로 톈진 → 안둥 현, 2차로 안둥 현 → 신의주, 3차로 신의주 → 경성 등으로 나누어 실행하기로 했다.

김시현은 이미 이번 작전을 위해 1922년 말부터 만주 안둥 현에 협력자들을 심어 놓았다. 안둥 현은 압록강 철교를 넘어 신의

주와 경성으로 폭탄을 반입하는 첫 출발점이어서 의열단이 순조롭게 운반 작전을 펼치려면 이곳에 중계 기지가 필요했다.

김시현은 고려공산당 동료이자 조선일보의 안둥 현 지국장인 홍종우, 평북 지국장인 백영무 등에게 이미 도움을 요청해놓은 상태였다. 일제강점기 신문사 지국장은 그 지역사회에서 힘깨나 쓰는 유지였다. 경찰서와 관공서 등에도 수시로 출입해 정보를 얻을 수 있었으며, 고위 관리와도 돈독한 관계를 맺을 수 있었다. 김시현은 이런 두 사람의 신분이 가진 이점에 기대를 걸고 있었다.

또한 중국에서 활동하는 의열단원들이 2차 암살파괴 투쟁 시점에 맞춰 조선으로 잠입하기로 했다. 이들만으로는 실행 인력이 부족할 경우 김시현 등이 조선 내에서 추가로 실행자를 구하기로 했다. 국내에도 독립운동 열망에 가득 찬 열혈 젊은이가 많았기 때문에 사람을 구하는 것은 그리 어렵지 않았다. 다만 폭탄 투척 등에 필요한 훈련이 안 돼 있어서 이 문제를 해결하기 위해 별도로 국내 훈련을 준비하기로 했다.

가장 중요한 거사 시점에 대해선 김시현은 만세운동을 기념해 3월 1일을 주장했다. 하지만 3월 1일까지는 시간이 충분치 않았다. 김원봉은 너무 서두르다가 일을 그르칠 수 있다며 거사 시점이 조금 늦어지더라도 빈틈없이 진행하자고 설득했다.

이런 계획을 수립한 의열단은 드디어 2월 말 첫 단계로 폭탄반입 작전을 시작했다. 1차로 상하이 비밀공장에 있는 폭탄들을 황옥과 김시현이 있는 톈진까지 운반하기로 했다. 중국 내이기는 해도 생각만큼 쉬운 일이 아니었다.

국민당과 공산당, 군벌, 열강 등이 저마다 난립하면서 중국내 정정政情이 계속 불안했다. 상하이와 베이징, 톈진 등 대도시에서도 백색테러나 적색테러가 끊이지 않고 일어났다. 이 때문에 이 지역의 주요 철도역마다 중국 관헌의 검문검색이 크게 강화됐다. 이들을 따돌리고 안전하게 톈진까지 폭탄을 나르기 위해선 그야말로 묘책이 필요했다.

약산은 이 작전에 푸른 눈의 의열단원 '마자르'를 이용하기로 했다. 마자르는 약산의 지시를 받고 서양 귀공자처럼 차려 입었다. 그는 아리따운 동양 여인 현계옥과 짐꾼 네댓 명을 거느리고 여행을 떠나는 백인 귀족청년으로 가장했다. 짐꾼들은 모두 의열단원이었으며, 트렁크 속에는 마자르가 지난 6개월간 심혈을 기울여 만든 고성능 폭탄들이 들어 있었다.

당시 베이징과 상하이, 톈진 등 중국 대도시에는 외국인이 적지 않게 살고 있었고, 여행객도 많았다. 외국인이 하인들을 데리고 여행 다니는 모습이 그리 낯설지만은 않았다. 상하이역에서는 누구도 마자르 일행을 의심하지 않았다. 경찰의 검문검색도 가볍게 통과했다. 그들은 안전하게 톈진행 열차를 탈 수 있었다.

그러나 톈진에 도착하자 문제가 생겼다. 기차에서 내린 마자르와 현계옥이 다정하게 팔짱을 낀 채 앞장서고 짐꾼들이 그 뒤를 따랐다. 중국 관헌은 마자르와 현계옥 커플은 무사히 출구를 통과시켰지만 짐꾼들은 가로막았다. 트렁크의 내용물을 직접 확인해야겠다는 것이다. 절체절명의 위기였다.

마자르가 순간 재치를 발휘했다. 그는 화가 잔뜩 난 듯 중국 관헌들에게 강하게 항의했다. 그는 "당치않은 일이오. 모두 내 짐이고 내 하인들이오. 그대로 통과시켜 주시오!"라고 고함쳤다. 마자르가 거세게 항의하자 중국 관헌들도 주춤할 수밖에 없었다. 서양인은 대부분 치외법권을 적용받고 있었기 때문에 중국 관헌도 함부로 대할 수 없었다. 중국 관헌들이 쩔쩔매는 동안 짐꾼으로 가장한 단원들은 잽싸게 개찰구를 통과했다. 이들이 모두 역을 빠져나가자 그때서야 마자르는 현계옥의 팔짱을 다시 끼고 유유히 역문을 나섰다.

마자르는 폭탄 제조 실력만큼이나 뛰어난 연기력으로 일행을 위험에서 구했다. 의열단 일행의 얼굴에 가벼운 미소가 번졌다.

scene 25 1923

만주 안동현에
도착한 폭탄

상하이에서 톈진으로 폭탄이 운반된 3월 초 경성에서는 아찔한 사건이 발생했다.

이번 거사에는 적어도 30여 명이 넘는 의열단 동지들이 참여할 예정이어서 준비와 실행 과정에 적지 않은 활동자금이 필요했다. 의열단은 이를 위해 이번 투쟁을 계획하던 초기 고려공산당에게 자금을 지원받았다. 그 돈은 원래 러시아 혁명정부가 고려공산당에게 지원한 것인데 이 가운데 일부가 의열단에게 제공된 것이다.

당시 고려공산당은 조선처럼 민중의 의식 수준이 낮은 제3세계의 경우 폭탄파괴 투쟁을 벌여서라도 민중을 각성시켜야 한다는 입장이었다. 그래서 이념은 달라도 조선독립운동 단체 중 가장 적극적으로 무장투쟁을 벌이던 의열단에게 활동자금을 나눠

준 것이다.

이 돈이 있었기 때문에 의열단은 상하이 비밀공장에서 폭탄을 제조하고 인쇄소에서 '조선혁명선언'을 대량 인쇄할 수 있었다. 하지만 자금이 풍부한 것은 아니었다. 거사가 가까워지면서 활동 자금이 바닥을 드러내기 시작했다. 자금 문제를 해결하지 못하면 의열단 활동이 위축될 수밖에 없었다.

김원봉은 당시 경성에 미리 잠입해 폭탄투척 기회만을 노리고 있던 남영득과 유병하, 유시태 등 열혈 동지들에게 현지에서 활동 자금을 조달하라고 비밀 지시를 내려놓은 상태였다. 그러나 김상 옥의 총격전 사건 이후 국내에서는 일제의 감시 활동이 크게 강화 돼 조선인 유지나 명망가로부터 독립운동자금은커녕 조그만 도움 조차 받기 어려웠다. 게다가 이미 1922년 말 유석현과 윤병구, 김 지섭 등이 친일판사 백윤화를 협박해 돈을 받아내려다 실패한 사 건도 있었다.

의열단은 자금을 확보하기 위해 경성의 부호를 털기로 했다. 남 영득과 유병하, 권정필, 유시태 등 의열단원들은 경성 황금정(지금 의 을지로) 부근 정목여관正木旅館에서 모여 내자동에 살고 있던 친 일파 부호 이인희한테서 활동자금을 받아내기로 결심했다.

남영득 등 의열단원들은 2월21일 이인희의 집 담을 넘었다. 그 들은 권총으로 이인희를 위협하며 돈을 요구했다. 하지만 노회한 이인희는 협박에 순순히 넘어가지 않았다 그는 "지금은 돈이 없으니 조금 더 말미를 주면 자금을 준비하겠다"며 시간을 끌었다.

남영득은 애처롭게 사정하는 이인희에게 1주일 정도 말미를 줬다. 하지만 이인희는 돈을 마련할 생각이 애초부터 없었다. 남영득의 연락에조차 응하지 않았다. 분개한 남영득과 의열단 동지들은 3월 3일 최후담판을 지으려 다시 이인희의 집에 잠입했다가 미리 잠복하고 있던 형사들에게 모두 붙잡혔다.

의열단으로서는 이번 거사 계획이 모두 들통이 날 수 있는 엄청난 위기였다. 그러나 다행히 남영득과 유병하, 유시태 등은 경찰 취조 과정에서 의열단과의 관계나 거사 계획 등에 대해선 끝까지 비밀을 지켰다. 이 때문에 이들은 경찰과 검찰에서 독립운동을 명목으로 부호들에게 금품을 뜯어내려던 강도로 취급받았다. 천만다행이었지만 1919년 창단 이래 최대 규모의 암살파괴 투쟁을 코앞에 두고 있던 의열단으로선 가슴을 쓸어내릴 수밖에 없는 사건이었다.

황옥과 김시현은 3월 4일 톈진 프랑스 조계 내 중국여관에서 약산한테서 마자르가 만든 고성능 폭탄을 인계받았다. 대형 폭탄 여섯 발(방화용 한 발, 파괴용 다섯 발)과 소형 폭탄 서른 발(암살용 스무 발, 방화용 열 발), 폭발장치용 시계와 뇌관 각각 여섯 발 등이었다.

의열단은 이미 상하이 앞바다의 섬에서 폭탄 성능 시험까지 마쳤다. 그 이전까지 자신들이나 다른 독립단체가 사용하던 사제 폭탄과는 차원이 달랐다. 폭음만 요란한 것이 아니라 대규모 파괴 암살 방화 투쟁에 적합하게 만들어진 폭탄이었다.

경찰도 나중에 이 폭탄들을 압수해 파괴력을 시험해 본 후 그 엄청난 파괴력에 깜짝 놀라지 않을 수 없었다. 실제로 경성에서 폭탄 투쟁이 벌어졌더라면 엄청난 피해가 발생했을 게 분명했다.

1923년 4월 12일 자 〈동아일보〉 호외는 경찰이 의열단의 고성능 폭탄을 실험한 결과를 다음과 같이 상세히 전했다.

"의열단에서 사용코자 하는 폭발탄 중에 이번에 압수된 것은 앞서 보도한 바와 같이 파괴용, 방화용, 암살용 3종류를 합하여 도합 36개가 경찰서에 압수되고 기타 권총 5자루와 실탄 150발 기타 폭발탄에 장치하는 시계가 6개인데 이번에 압수한 폭발탄은 세 가지가 다 최신식으로 만든 것인데, 더욱이 파괴용은 벽돌집 벽을 뚫고 들어가서 그 속에서 폭발이 되는 동시에 일시에 건물이 무너지는 맹렬한 힘을 가지고 있으며 그 모양은 둥그런 모과통 같은 형태로 만드러 그 속에는 '제림나이트'라는 맹렬한 폭발약을 집어넣고 폭발하는 장치는 시계를 그 폭발탄 도화선에 연락하여 몇 시간 후에 폭발하게 하던지 그 목적하는 시간을 예정하여 장치하는 것이며, 방화용은 그 형태를 '대추씨' 모양으로 만들고 그 속에는 중모래와 같고 폭발하는 힘이 가장 많은 화약을 집어넣어 목적한 곳을 향하여 던지며 폭발하게 만들어 한번 폭발하면 강철조각이 사방으로 흩어지고 불길이 맹렬히 일어나서 사방이 불천지가 되는 동시에 건물을 태우게 하며 사람이 상하는 방화 외 암살을 겸한 것이며 암살용은 갸름한 병 모양으로 만들어 그 속에는 독한 황린을 넣어 역시 목적한 곳을 향하고 던지면 폭발하는 것인데 폭발되면 강철조각이 사방으로 흩어지는 동시에 그것보다도 더 독한 것은 그 속에 넣은 황린이 폭발되어 사람의 몸에 조금이라도 스치기만 하면 그 사람은 황린 독기로 인하여 즉사하는 무서운 장치를 한 것이라 하는데 전기 세 가지의 폭탄은 최신식으로 된 것이나 만들어낸 곳은 아직까지도 판명치 못하였으나 검사한 결과 로국 방면에서 유태사람의 손으로 된 듯하다고 추측되며 천진에서 아라사 사람이 만든 것이라는 말도 있더라."

〈동아일보〉 1923년 4월 12일. '의열단의 가공할 폭탄 위력'

경기도 경찰부는 김상옥 사건의 배후를 캐기 위해 황옥과 하시모토 등을 텐진으로 보낸 지 한 달이 지났는데도 별 다른 소득이 없자 두 사람의 귀국을 지시했다. 상하이와 텐진을 몇 차례 오가며 약산의 행방을 추적하는 모양새만 취하던 황옥은 즉시 귀국 채비를 갖췄다.

그것은 폭탄 밀반입 작전의 시작이기도 했다. 김시현은 약산한테 넘겨받은 폭탄 가운데 대형 폭탄 세 발을 트렁크에 넣어 백영무와 이현준 등에게 넘겼다. 3월 4일 두 사람은 이 트렁크를 텐진에서 이번 작전의 1차 기착점인 만주 안둥 현의 홍종우 집까지 열차편으로 무사히 운반했다.

뒤이어 황옥과 김시현, 유석현 등은 나머지 폭탄과 '조선혁명선언'과 '조선총독부관리에게' 등의 선전문 수백 장을 각자 자신의 트렁크에 담아 5일 밤 톈진을 출발했다. 황옥의 트렁크에는 약산이 준 권총 세 종과 탄약 백 수십 발도 들어 있었다.

황옥 일행이 톈진을 떠나기 직전 약산은 황옥만 따로 불렀다. 약산의 표정에서 비장함이 느껴졌다. 그는 황옥에게 이번 작전의 중요성과 비밀 엄수 등 몇 가지 주의사항을 다시 한 번 강조했다.

> "우리의 혁명운동은 이번 한 번으로 끝치는 게 아니요. 우리의 이상 하는 바가 실현되기까지는 끊임없는 투쟁이 있어야 하오. 우리 대에 서 못 이루면 자식 대에서, 자식 대에서 못 이루면 손자 대에까지라 도 가지고 가야 할 우리 운동이오. 이번의 우리 계획이 불행히 패를 보는 일이 있다 하더라도, 황공은, 결코 우리가 이번에 취한 수단방 법에 관하여는, 일체, 발설을 마오, 한번 드러나고 보면 같은 방책을 두 번 쓸 수는 없는 일 아니겠오?"
>
> 《약산과 의열단》126쪽

황옥은 약산의 뜻을 충분히 이해했다. 이번 한 번의 투쟁으로 끝나지 않고 조국 광복의 그날까지 의열단의 투쟁이 계속되기 위해서는 조직의 근간이 철저히 보호돼야 했다. 황옥은 투쟁과정에서 어떠한 고난이 닥쳐오더라도 이번 작전의 세부 사항이나 의열단 조직의 기밀에 대해선 결코 입을 열지 않겠다고 약산에게 굳게 약속했다.

경성에서 떠나올 때와 달리 묵직한 트렁크를 든 황옥 일행은 7일 조선으로 들어가는 첫 관문인 만주 안둥 현에 도착했다. 워낙 은밀한 작전이었기에 황옥의 경찰 동료인 하시모토 경부조차 황옥의 짐 속에 폭탄이 들어 있을 줄은 꿈에도 생각하지 못했다.

안둥 현에서 조선일보 지국장인 홍현우 등이 영화의 한 장면 같은 기발한 폭탄반입 작전을 세워놓고 그들을 기다리고 있었다.

기생과
인력거를 동원한
비밀 작전

1923년 3월 9일 늦은 밤, 압록강 철교 위로 간간이 차가운 바람이 불고 있었다. 낮에는 봄 햇살이 따사로웠지만 저녁에는 아직도 겨울의 기운이 남아 있어 기온이 뚝 떨어졌다.

철교 위에선 국경검문소의 초병들이 만주 쪽에서 신의주로 건너오는 행인을 일일이 검문하느라 눈에 불을 켜고 있었다. 조선총독부 폭파사건(1922년 3월)에 이어 김상옥의 경성 시가전(1923년 1월)까지 일어나자 상부의 지시로 국경 검문검색을 대폭 강화한 것이다. 이런 식으로 철저히 검문검색이 이뤄진다면 일반 여행객을 가장해 폭탄을 들여오기는 어려울 것 같았다.

그때 초병들의 시야에 인력거 몇 대가 일렬종대로 무리지어 철교를 건너오는 게 보였다. 초병들은 경비 규정대로 인력거 행렬을 멈춰 세우고 검문검색을 하려고 했다. 하지만 고참인 듯한 초병이 인력거에 탄 사람들의 얼굴을 보고는 황급히 통과시키고 말았다. 그 덕분에 인력거에 실려 있던 의열단의 폭탄가방은 별다른 제지를 받지 않고 신의주로 건너올 수 있었다.

인력거에는 신의주 경찰서장과 여러 지역유지, 홍종우 조선일보 안둥 현 지국장 등이 기생을 끼고 타고 있었다. 만주 안둥 현에서 거나하게 한잔 걸친 듯 다들 얼굴이 불그스름했다. 물어보지는 않았지만 기생과 신의주에서 술판을 벌이려고 건너오는 모양이었다.

평소 경비 업무의 성격상 신의주와 만주 안둥 지역의 기관장과 유력인사의 얼굴을 외우고 있는 초병들은 그런 '윗분'의 심기를 건드리지 않으려고 인력거를 그대로 통과시킨 것이다.

황옥과 김시현 일행이 중국 곳곳에 깔려 있는 일본 경찰과 밀정들의 눈을 속이고 홍종우의 집까지 폭탄을 운반하는 데 성공했다. 홍종우는 김시현과 마찬가지로 고려공산당원이면서 의혈단에도 가입한 인물이었다. 홍종우의 집까지 무사히 도착한 폭탄이 다시 압록강 건너 신의주까지 반입되려면 또 한 번의 '모험'이 필요했다.

황옥 경부는 총독부 출장증명서를 갖고 있기 때문에 철교를 건너는 데 어려움이 없겠지만 나머지 일행은 안심할 수 없었다. 특히 대형 폭탄이 들어 있는 트렁크는 부피가 컸기 때문에 초병의 의심을 피할 수 없을 것 같았다. 만일 검색에 걸리기라도 한다면 큰 낭패가 우려됐다. 그들은 이 위기를 넘기기 위해 일단 국경지역 사정에 밝은 홍종우의 힘을 빌리기로 했다. 다행히 홍종우는 대형 폭탄의 반입을 위해 나름의 '비책'을 강구해놓고 있었다.

그는 의열단의 폭탄이 만주에 도착한 지 이틀째인 9일 자신의 집에 지역유지를 초대해 친목을 다지는 연회를 베풀었다. 그는 평소 만주 영사관과 헌병부대, 신의주 경찰서 등을 자주 드나들며 기관장들과 교분을 쌓아놓은 덕분에 많은 인사들이 연회에 참석했다. 신의주 경찰서장을 포함한 유지들은 이 잔치가 의열단의 작전이라는 것을 꿈에도 생각하지 못했다.

홍종우는 특별히 신의주에서 기생을 여럿 불러와 참석자의 술시중을 들게 했다. 접대를 받는 입장인 기관장과 지역유지들은 술이 몇 순배 돌자 흥에 겨운 듯 기생들과 어울려 노래하고 춤을 췄다. 시간이 지나자 참석자들이 하나 둘씩 취하며 분위기가 무르익었다.

홍종우는 그때를 노려 '신의주로 건너가 분위기를 바꿔 술 한 잔 더하자'고 제의했다. 이미 몸이 달아오른 참석자들은 "홍 국장! 그거 좋은 생각이오!"라며 아무 의심도 없이 따라나섰다. 이들은 기생들을 인력거에 태운 뒤 곧바로 신의주로 향했다. 이 인력거에는 대형 폭탄 여섯 발이 나누어 실려 있었다.

홍종우의 폭탄 반입 작전은 보기 좋게 성공했다. 초병들은 기생들과 함께 밤바람을 맞으며 압록강을 건너오는 기관장과 지역유지들의 행렬을 막을 수 없었다.

홍종우는 그날 밤 지역유지들과 함께 술을 마시며 흥겨운 밤을 보냈다. 그동안 백영무와 이오길 등 의열단 동지들은 인력거에 실린 폭탄가방을 평안북도 의주군 과언면 미륵동의 백영무 집까지 몰래 운반했다.

만주에 남아 있는 소형 폭탄 서른 발 중 열 발은 유사시를 대비해 만주 안둥 현에 남겨두기로 했다. 그러나 홍종우의 집은 여러 사람이 드나들기 때문에 위험할 수 있었다. 홍종우는 자신의 집 인근에 있는 이오길 동지의 집에 그 폭탄 열 발을 옮겨놓았다.

나머지 소형 폭탄 스무 발은 10일 저녁 황옥 경부가 신의주로 입국하면서 갖고 들어왔다. 황옥은 김시현, 유석현 등과 함께 인력거에 소형 폭탄을 나눠 싣고 압록강 철교를 건넜다. 황옥은 경기도 경찰부의 지시를 받고 출장을 갔다 오는 경찰관리 신분증을 제시했기 때문에 초병들은 순순히 통과시켜 줬다. 설마 일본 경찰이 의열단의 폭탄을 국내로 운반하리라고는 생각도 못한 것이다.

신의주로 폭탄을 반입하는 데 성공한 황옥은 폭탄 열 발과 권총 세 정, 선전문건 등을 자신의 숙소인 '한성여관'에 옮겨놓았으며, 나머지 폭탄 열 발은 대형 폭탄을 맡겨놓은 백영무의 집에 맡겼다.

이제 의열단은 폭탄을 갖고 조선반도의 문턱을 넘은 셈이다. 황옥은 곧바로 경성행을 준비했다.

scene **12** 1923

초읽기에 들어간 경성작전

황옥 일행은 폭탄을 신의주까지 무사
히 들여왔다. 일본 경찰은 그때까지도 엄청난 양의 폭탄이 반도로
들어왔다는 사실을 까맣게 모르고 있었다. 만주 일대와 신의주 국
경 지대에는 많은 밀정이 활동하고 있었지만 경찰 간부인 황옥이
폭탄 운반책일 줄은 그 누구도 짐작하지 못했다. 한마디로 뒤통수
를 얻어맞은 셈이었다.

의열단의 폭탄은 황옥이 묵고 있던 '한성여관'과 조선일보 신의
주 지국장인 백영무의 집에 안전하게 분산되어 경성으로 향할 날
만 기다리고 있었다. 경성은 폭탄의 종착점이자 의열단의 폭탄 거
사 장소였다. 그곳에는 이미 여러 동지들이 폭탄이 도착하기만 기
다리고 있었다.

그러나 폭탄 반입의 마지막 단계인 신의주에서 경성으로 폭탄을 운반하는 일 역시 결코 만만치 않았다. 독립투사나 좌익 사상범이 기차를 타고 만주로 탈출하거나 경성으로 몰래 들어오는 일이 잦았기 때문에 경의선 철도역마다 헌병이나 경찰이 삼엄하게 지키는 것은 물론이고 검문 순사가 직접 객차에 올라타 불시검문까지 했다.

검문을 피하려면 평범한 여행객으로 변장하거나 가짜 신분증을 제시하는 등의 수법을 사용해야 했다. 의열단에서는 1921년 9월 12일 김익상이 능숙한 변장과 재치 있는 임기응변으로 경찰의 열차 검문망을 뚫고 경성에 잠입해 남산 기슭에 있던 '조선총독부 청사'에 폭탄을 투척한 바 있다.

김익상은 9월 10일 폭탄을 담은 가방을 소지한 채 만주 안둥 현에서 경성행 열차를 탔다. 그는 검문 경찰을 속이기 위해 대학생이 입는 검은색 학생 교복을 착용하고 있었다. 고향에 들렀다가 다시 경성으로 공부하러 가는 학생처럼 꾸민 것이다.

하지만 그것만으로는 경찰 검문을 완전히 따돌릴 수는 없었다. 순사들이 열차 가장 앞 칸부터 차례로 검문을 실시하고 있었기 때문에 안심할 수 없었다.

익상은 검문 순사들이 자신이 탄 객차로 막 들어오는 것을 보고는 순간적인 기지를 발휘했다. 그의 주변에 혼자 어린아이를 안고 탄 기모노 차림의 젊은 일본인 여인이 있었다. 때마침 여인의 건너

초읽기에 들어간 경성 작전

편 좌석이 비어 있었다. 익상은 잽싸게 그 좌석에 앉아 젊은 여자에게 말을 건넸다. 아이는 여자의 아들이었다. 그는 여자와 대화를 나누면서 동시에 그 아이를 품에 안고 장난까지 치면서 다정스런 모습을 연출했다. 장거리 열차여행으로 무료했던 모자는 익상을 재밌는 동행으로 생각한 탓인지 별 의심 없이 쉽게 친해졌다.

의열단원 김익상. 1921년 조선총독부에 폭탄을 던졌다

　검문 순사의 눈에는 마치 젊은 학생부부가 아이를 데리고 기차여행을 하는 것처럼 보였다. 차례차례 승객을 대상으로 검문하던 경찰은 '김익상 부부'를 보더니 신분증 제시나 가방 검색 등을 요구하지 않고 그냥 지나쳤다. 위험한 일을 하는 독립투사가 가족과 함께 열차를 타는 일은 극히 드문 데다가 기모노를 입은 일본 여인이 부인처럼 보였기 때문에 더더욱 의심하지 않았던 것이다. 목적지인 남대문역에서도 검색이 벌어졌지만 익상은 어린아이를 껴안은 채 젊은 부인과 다정하게 이야기를 나누며 유유히 검색대를 지나쳤다. 경찰은 아무런 제지도 하지 않았다.

　무사히 경성 잠입에 성공한 김익상은 총독부에 폭탄을 던져 일제의 간담을 서늘하게 만들었다. 경찰은 사건 당시 범인을 전혀

十二日午前十時二十分

總督府에 爆彈

一彈은會計課長應
接室板張을貫通
二彈秘書課分室

「人」命은無事
投彈者는逃去

總督府部局內는鼎沸와如히

警務局幹部秘密
檢事局水野懷事의臨檢

投彈者尙未逮捕

元山進誠女學校
學藝展覽會開會

一家族

짐작조차 하지 못했다. 김익상이 이듬해인 1922년 3월 상하이 황 푸탄 사건으로 체포돼 조사받는 과정에서 자백하지 않았다면 영원히 미제 사건으로 남을 뻔했다.

황옥 일행도 경성까지 열차를 이용해야 했다. 우선 폭탄 일부를 철도 우편을 이용해 운반키로 했다. 국외에서 들어오는 화물은 철저히 검색하지만 국내에서 오가는 화물은 상대적으로 검색이 심하지 않았기 때문이었다.

김시현과 백영무는 3월 11일 백영무 집에 보관돼 있던 대형 폭탄 여섯 발과 소형 폭탄 열 발 가운데 대형 폭탄 세 발과 소형 폭탄 다섯 발을 낡은 옷과 함께 상자에 넣어 소포화물처럼 꾸몄다. 그들은 그 짐을 신의주역에서 경성부 효자동 31번지 조황(일명 조한석)에게 철도소포로 보냈다. 나머지 대형 폭탄 세 발과 소형 폭탄 다섯 발은 신의주에 있는 또 다른 동지 조동근의 집에 숨겨 놓았다.

이와 동시에 황옥과 유석현은 출장 떠날 때 가져간 짐가방을 그대로 갖고 경성행 열차를 탔다. 떠날 때보다 짐을 많이 가지고 돌아오면 아무래도 의심받을 수 있기 때문이었다. 가방의 부피는 그대로였지만 내용물은 바뀌어 있었다. 소형 폭탄 열 발과 권총 세 자루, 탄약 백 수십 발, 선전문건 수백 장이 들어 있었다.

검문 순사와 밀정들은 경기도 경찰부 소속 간부인 황옥이 의열단의 폭탄 운반책이라고 추호도 의심하지 못했다. 유석현의 행색이 의심스러워 검문을 시도하다가도 옆에 있던 황옥이 신분증과 출장증을 제시하면 그 자리에서 깍듯이 경례를 붙이고는 곧바로 사라졌다.

그들은 밀정 김세진(유석현)을 대동하고 떠났던 황옥이 다시 경기도 경찰부로 복귀하는 것으로만 생각했다. 그 덕분에 황옥은 열차 여행 내내 단 한 번도 검문을 받지 않고 경성까지 무사히 입성할 수 있었다.

황옥은 경성에 도착한 다음날(12일) 경성부 북미창정에 사는 김사용의 집에 찾아가 소형 폭탄 다섯 발이 담긴 손가방을 맡겼다. 경상북도 상주 출신인 김사용은 3·1운동 등으로 옥고를 치르는 등 활발하게 독립운동을 하고 있었으며, 황옥과는 이전부터 잘 알고 지냈던 사이였다.

황옥은 또한 나머지 폭탄 다섯 발과 권총 두 정, 탄환 백 수십 발을 대나무 상자에 넣어 경성에 사는 의열단원 조황에게 넘겼다. 황옥은 조황에게 "신의주에서 폭탄 몇 발을 철도화물로 보냈을 테니 도착하면 이것과 함께 보관해 달라. 또한 상하이에서 손님들(이현준. 유석현)이 올 테니 집에 당분간 머물게 하라"고 부탁했다. 조황은 그날 저녁 남대문역에서 신의주에서 온 소포를 무사히 받아 집으로 옮겨 보관했다.

이제는 폭탄거사에 참여할 의열단원들이 집결해 작전을 숙지하고 역할을 분담하는 일만 남았다. 신의주에 남아 있던 김시현, 김태규, 이현준, 이오길 등 의열단은 이를 위해 12일 열차를 타고 경성으로 향했다.

이들은 대부분 변장하고 위조 신분증을 갖고 있었기 때문에 경찰 검문을 속여 넘길 수 있었다. 김시현이 검문 과정에서 경찰의 의심을 받아 양책역(신의주에서 네 번째 정거장)에서 강제 하차 당했지만 위험 문건이나 무기를 소지 않아 단순히 신원조사만 마치고 다음날 풀려났다. 이 때문에 김시현은 다른 일행보다 하루 늦은 13일에야 경성에 들어왔다.

마침내 무기와 투척할 투사들이 모두 경성으로 입성했다. 2차 암살파괴 투쟁은 바야흐로 마지막 '초읽기'에 들어가고 있었다.

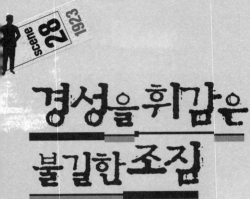

scene 28 1923

경성을 휘감은
불길한 조짐

3월 13일 아침 황옥 경부는 텐진 출장 보고를 위해 경기도 경찰부로 향했다. 거리에서 마주친 조선인은 행여 그와 눈이라도 마주칠까 두려워 고개를 돌렸다. 사복을 벗고 경찰 제복으로 말끔히 갈아입은 황옥의 모습은 영락없는 악질 일본 순사였기 때문이다. 예전 같으면 동포들의 이런 반응에 마음이 무거웠을 터지만 황옥은 이날만큼은 개의치 않았다. 그의 가슴은 이미 거사에 대한 기대와 흥분으로 설레고 있었다.

"죽음도 두려워하지 않는 의열단 동지들과 신형 폭탄이 경성에 들어왔으니 이제 '9부 능선'을 넘은 셈이다."

보초의 경례를 받으며 정문을 통과한 황옥은 2층 고등과 사무실로 들어갔다. 몇몇 동료들이 그를 알아보고는 아침인사를 건넸다. 황옥은 자기 자리에 앉아 차분히 출장 보고서를 작성하기 시작했다.

자신이 톈진에서 한 실제 행적을 감추기 위해 가짜 출장 보고서를 공들여 적고 있던 황옥에게 히가시 과장의 갑작스런 호출이 떨어졌다. 이상한 것은 과장 자신의 방으로 오라는 게 아니라 우마노 경기도 경찰부장의 집무실로 오라는 호출이었다. 경기도 경찰총수가 일개 경부를 직접 자기 방으로 부르는 경우는 흔치 않았다.

황옥은 이미 전날 출장의 결과를 히가시 과장에게 대강 구두로 보고했다. 밀정과 함께 상하이와 톈진을 수차례 오가며 김상옥의 배후인 약산 김원봉과 의열단의 동태를 감시했지만 어떤 구체적인 단서도 잡지 못했다는 내용이었다. 히가시 과장은 그의 보고에 별다른 토를 달지 않았다. 황옥은 형식적인 문서 보고 절차만 남았다고 생각했다. 그런데 갑작스럽게 우마노 경찰부장의 호출을 받다니. '무슨 일일까?'

우마노의 집무실에는 황옥의 직속상관인 후지모토와 히가시 두 과장이 먼저 와 있었다. 황옥은 절도 있는 동작으로 상관들에게 경례하고 자리에 앉았다. 우마노는 간단하게 황옥의 출장 노고를 치하했다. 그의 말이 끝나자 히가시 과장이 탁자 위에 검은 물체를 꺼내놓았다.

순간 황옥은 자신의 눈을 의심했다. 자신이 김시현과 함께 톈진에서부터 몰래 반입해놓은 소형 폭탄 가운데 하나였다. '뭔가 크게 잘못된 게 틀림없다.' 짧은 순간이지만 황옥의 얼굴에 당황한 기색이 비쳤다.

우마노 부장과 두 과장의 예리한 눈이 자신의 얼굴을 훑고 지나가는 것을 느꼈다. 황옥은 곧바로 태연한 표정으로 "이게 뭡니까?"라고 되물었다.

히가시 과장은 황옥의 동료인 하기 경부보가 어제 저녁 밀정한테서 입수한 의열단의 폭탄이라고 설명했다. 우마노는 "자네도 의열단을 오랫동안 추적했으니 이 폭탄의 반입 행적과 소재를 잘 알고 있다고 생각하는데 그렇지 않나?"라고 물었다.

그러나 황옥은 '이런 정교한 폭탄이 조선에 들어왔다는 사실은 전혀 모르는 일'이라고 잡아뗐다. 우마노가 "경성에 이런 폭탄을 들여올 만한 인물에 대해 아는 바 없느냐?"고 재차 물었지만 황옥의 대답은 똑같았다. 황옥은 표정의 변화 없이 평소처럼 침착하게 대답했지만 이미 등줄기에선 식은땀이 흐르고 있었다.

복잡한 심리전이 전개됐다. 우마노 등 경찰 상층부는 이미 의열단의 폭탄이 국내에 반입됐으며, 여기에 황옥이 개입된 정황을 일부 포착하고 있는 듯 보였다.

상황은 이랬다. 황옥의 부탁을 받고 폭탄 상자를 자기 집에 보관하고 있던 의열단원 조황은 아무래도 더 안전한 곳으로 폭탄을 옮길 필요가 있다고 생각해 평소 친분이 있던 독립운동가 김두형

金斗衡의 집으로 폭탄을 가져갔다. 사람의 왕래가 많은 자신의 집보다는 김의 집이 훨씬 안전할 것 같았기 때문이다.

조황은 그에게 자세한 사정은 설명하지 않았지만 폭탄을 맡긴 사람이 황옥이라는 것을 넌지시 알리며 폭탄을 잠시만 맡아달라고 부탁했다. 경찰 경부가 맡긴 것이니 큰 탈은 없을 것이라는 뜻에서였다.

하지만 그것은 돌이킬 수 없는 실수였다. 김두형은 외형상 독립운동 인사인 척 행세하고 있었지만 실제로는 일본 고등경찰이 독립운동계의 내부 정탐을 위해 심어놓은 밀정이었다. 이런 김두형의 행적은 광복 후 반민특위 조사에서 만천하에 드러났다.

"일제에 아부협력하고 走狗 특히 밀정을 30여 년 간이나 한 반민 權相鎬란 자는 지난 6월 2일 2시 국회에서 방청 중 특위조사원에게 피체되었다 한다. 이 자는 해방 후 변명을 權漢, 金斗衡 등 7개을 사용하여 姦妖하였던 정체를 감추어 애국자로 돌변하여 民族精氣團 忠南副團長職에 취임하는 동시 儒城에서 靈泉여관을 경영하던 자라 한다. 반민 權은 3·1만세사건 이후 밀정행위를 개시한 후 애국단체 義烈團이 맹활동 당시 동 단원들에게 같은 동지인 것같이 가장하고 동 단원 趙亮씨 집에 자주 출입하던 중 전기 趙씨 신변이 위험해서 趙씨로부터 시계폭탄 6개, 수류탄 30개, 권총 14정을 權에 맡겼음을 기화로 곧 경찰부에 밀고하였다 한다. 이자의 밀고로

黃鈺, 金始賢씨 등 11명의 애국자가 피체 고문을 받은 끝에 10년 이하 체형을 받은 사람과 사망한 사람도 많다 한다. 右記와 같은 죄상이 판명되어 작 2일 조사서를 송치하였다."

〈조선중앙일보〉 1949년 7월 3일.

'일제밀정 권상호權相鎬, 국회에서 반민족행위 특별조사위원회에 체포'

조황이 김두형에게 폭탄을 맡긴 것은 '고양이에게 생선을 맡긴 꼴'이었다. 김두형은 조황에게 폭탄을 넘겨받자마자 곧바로 자신을 지원해주는 경기도 경찰부의 고등계 형사인 하기 경부보를 찾아갔다. 그는 하기에게 폭탄 한 발을 건네면서 "조황이 황옥에게 이런 폭탄 꾸러미를 받았다"고 밀고했다.

엄청난 건을 잡았다고 생각한 하기는 즉시 경찰 수뇌부에 이 사실을 보고했다. 하지만 경찰 수뇌부는 하기의 보고를 반신반의했다. 첩보와 물증만 보면 황옥이 의열단과 손을 잡은 게 맞지만 의열단이 황옥의 정탐 사실을 알고 일부러 그를 곤경에 처하게 하려고 역정보를 흘렸을 수도 있다고 생각한 것이다.

우마노가 황옥을 호출한 것은 바로 이런 이유에서였다. 그가 의열단에 접근해 모종의 사건을 수사 중인 만큼 이 폭탄의 정체와 지금까지의 정탐 상황을 들어보고 최종 판단을 내리자는 생각이었다. 그런 후에 본격적인 체포 소탕 작전을 펼쳐도 늦지 않는다는 계산이었다.

황옥이 계속 폭탄의 존재를 모르쇠로 일관하자 직속상관인 히가시 과장은 속이 바싹 타는 듯 "자네가 수사 중에 있어서 내용을 말하기 어려운 모양인데 이미 폭탄이 이렇게 우리 손에 들어왔으니 지금까지 자네가 입수한 정보를 다 털어 놓으라"고 설득했다. 하지만 황옥은 요지부동이었다.

우마노의 집무실에는 한 시간 동안 팽팽한 긴장감이 흘렀다. 이렇게 물증까지 있는 첩보를 믿어야 할지 아니면 유능한 고등경찰인 황옥의 결백을 믿어야 할지 세 사람의 머릿속도 복잡해졌다. 황옥도 수뇌부가 이 소형 폭탄을 어떻게 입수했으며, 이번 작전의 내용을 어디까지 파악하고 있는지 몰라 초조하기는 마찬가지였다.

마침내 우마노는 황옥에게 돌아가도 좋다고 허락했다. 하루 더 말미를 줄 테니 신중하게 수사상황을 돌이켜보고 혹시 이 폭탄에 대한 단서나 첩보가 될 만한 것이 있는지 다시 이야기해보자고 당부했다.

황옥은 우마노의 방을 나서면서 자신도 모르게 "휴우"하고 깊은 한숨을 내쉬었다.

'이들은 나를 의심하고 있다.'

사무실로 돌아온 황옥은 우마노 등이 아직 자신을 의심하고 있다는 사실에 불안했다. 그는 출장 보고서를 쓰는 체하면서 머릿속으로는 내내 어떻게 이 위기를 빠져나갈까만 생각했다. 경찰이 폭탄을 입수했다면 곧 체포 작전이 펼쳐질 것이다. 시간이 얼마 없었다. 그는 저녁 퇴근과 함께 사람들의 눈을 피해 김시현이 머물고 있는 김사용의 집으로 찾아갔다.

scene **29** 1923

아,
의열단!

황옥은 경찰이 소형 폭탄 일부를 입수한 사실을 김시현에게 알렸다. 철저한 보안 속에서 이뤄진 작전이 적에게 노출됐다는 사실에 김시현은 놀라움을 금치 못했다. 자칫 의열단 조직 전체의 괴멸로 이어질 수 있는 위기였다.

황옥은 위기를 탈출하기 위해 중대한 제안을 했다. 그는 "경찰 상층부에서 모종의 낌새를 챈 것 같으니까 그들의 의심을 피하기 위해서라도 우리가 반입한 폭탄의 일부를 경기도 경찰부에 압수시켜야 될 것 같다"고 말했다.

황옥이 우마노와의 면담에서 철저히 사실을 감춰 일시적으로 위기를 모면하기는 했지만 혐의가 완전히 벗겨진 것은 아니었다. 따라서 경찰 수뇌부의 의심을 풀고, 사건의 전모가 드러나지 않도록 하기 위해선 폭탄의 일부를 자진해서 제출하자는 것이다. 의열단이 경성에서 모종의 폭탄 거사를 준비하다가 황옥 자신에게 적발돼 도망쳤으며 폭탄만 압수했다는 식의 시나리오를 제시한 것이다. 그렇게라도 해서 피해 규모를 줄이고 후일을 다시 도모하자는 게 황옥의 생각이었다.

하지만 김시현의 생각은 달랐다. 폭탄의 일부를 넘겨주더라도 경찰 수뇌부가 그 정도의 성과에 만족할지는 미지수로 보였다. 오히려 그것을 계기로 수사가 더 확대되어 경성에 잠입한 동지들은 물론이고 중국에 있는 의열단 동지에게까지 화가 미칠 가능성이 크다고 판단했다. 그날 밤 두 사람은 끝내 결론을 내지 못했다.

다음날(14일) 황옥은 정상 출근했다. 황옥은 태연하게 업무를 봤지만 주변 공기는 이미 싸늘했다. 자신이 은밀히 감시당하고 있으며, 자신만 따돌린 채 뭔가 수사가 진행되고 있다는 느낌을 받았다.

아무래도 불길한 생각이 들자 황옥은 점심 무렵 동생 황연직을 경찰서로 불렀다. 톈진 출장 때문에 오랜만에 동생을 만나 점심을 먹는 것처럼 보였지만 실제로는 동생을 시켜 김시현에게 도피하라는 메시지를 전달하기 위한 자리였다.

그날 오후 히가시 과장은 황옥을 사무실로 호출했다. 그는 하루 말미를 줬으니 황옥이 어느 정도 심경을 정리했을 것으로 판단한 듯 차분하게 설득했다. "자네가 수사 중이라고 해도 이제는 혼자만 정보를 독점할 수 있는 단계는 이미 넘어섰네. 어디까지 일이 진행됐는지 자초지종을 나에게 보고하게. 그래야만 자네도 화를 면할 수 있네."

고등계 형사들은 각자 맡은 사건이 다르면 사건이 해결될 때까지 서로 정보나 정보원을 공유하지 않는 게 관례였다. 서로 간에 암묵적인 경쟁도 심했고, 업무상 철저히 보안을 지켜야 하는 경우가 많았기 때문이다. 히가시는 황옥도 지금 그런 상황일 거라고 믿고 계속 회유했다.

황옥은 평소 자신을 신뢰하던 히가시가 계속해서 자신을 설득하자 더 이상 부인만 하고 있을 수는 없었다. 그는 마지못해 "김시현이 모종의 임무를 맡아 의열단원들과 함께 어제 경성에 들어온 것 같다"고 털어놓았다. 하지만 김시현의 은신처와 그 임무가 무엇인지에 대해선 자신도 아직 정확히 모른다고 잡아뗐다.

히가시는 이 사실을 곧바로 우마노 경찰부장에게 보고했다. 우마노에게 갔다 온 히가시는 "부장이 자네 사정을 잘 이해한 것 같다"고 황옥을 안심시켰다. 그는 "기분도 전환할 겸 자네와 오랜만에 술이나 한잔하세"라며 황옥을 기생집 명월관으로 끌고 갔다.

명목상으로는 황옥의 출장 노고를 치하하고 그간 쌓인 오해를 풀기 위한 회식 자리였다. 그러나 실제로는 황옥과 의열단 간의 연락을 끊기 위한 속임수였다. 그날 밤 경찰은 황옥이 의열단과 연락을 취할 수 없게 술자리에 잡아놓고, 그 틈을 타 김시현과 폭탄의 행방을 추적할 속셈이었다.

하지만 그날 밤 황옥과 히가시가 술잔을 나누고 있는 동안 평안 북도 경찰부에서 총독부 경무국으로 '급보'가 타전됐다. 신의주와 만주 안둥 현 등에서 의열단의 것으로 보이는 폭탄을 다량 압수하고, 단원들을 체포하는 성과를 냈다는 것이었다. 경기도 경찰부가 선수를 빼앗긴 것이다.

김시현은 경성에 반입하고 남은 폭탄 가운데 일부를 조선일보 신의주지국 직원인 조동근에게 맡겨 놓았다. 조동근은 철저히 보안을 지켜달라고 김시현이 당부했는데도 경찰에게 들킬 것을 염려하여 평소 알고 지내던 지인인 '홍우룡'이란 자의 집으로 폭탄을 옮겼다. 그러나 안타깝게도 홍우룡은 평안북도 경찰부 고등과에 근무하는 악질 고등계 형사인 김덕기의 끄나풀이었다.

14일 홍우룡의 제보를 받은 평안북도 경찰부와 신의주 경찰서는 바로 그날 저녁 홍종우와 백영무, 조동근의 자택을 급습해 체포하고 숨겨뒀던 폭탄들을 모두 압수했다. 그리고 이들을 취조해 황옥과 김시현, 유석현 등이 폭탄을 갖고 경성으로 떠났다는 것을 알아내 경무국에 급전을 보낸 것이다.

경기도 경찰부는 이들보다 먼저 김두형의 밀고로 사건 첩보를 얻었지만 자기 직원이 연루됐을지 모른다는 가능성 때문에 곧바로 체포 작전에 나서지 않고 조심스럽게 수사를 진행하다가 뒤통수를 맞게 됐다.

경무국은 즉시 경기도 경찰부에 불호령을 내렸다. 15일 아침 면

재판 중인 황옥(왼쪽)과
김시현(가운데)

동이 트기도 전에 순사들이 경성의 조황 집으로 들이닥쳤다. 조황이 체포되면서 이 집에 머물고 있던 이오길도 함께 붙잡혔다. 경찰은 조황과 이오길, 조황의 가족들을 경찰서로 줄줄이 연행해 취조했다. 유석현과 이현준도 곧 연행됐다. 하지만 김시현은 이미 달아나고 없었다.

경찰은 조황 등을 고문하면서 황옥이 이 사건에 깊숙이 개입된 사실을 구체적으로 파악할 수 있었다. 황옥의 연루 가능성은 이미 짐작하고는 있었지만 작전의 실체를 듣고 보니 놀라지 않을 수 없었다. 황옥이 사실상 이번 거사의 주동자인 것이다. 김상옥 사건으로 자신의 명성에 먹칠을 한 우마노는 또다시 조직 내부의 배반으로 큰 상처를 입게 됐다.

우마노는 황옥을 서대문 경찰서에 끌고 가 취조토록 했다. 이미 거사에 가담한 단원 대부분이 체포됐지만 황옥과 함께 이번 사건의 주동자인 김시현은 여전히 행방이 묘연했다. 경찰은 황옥에게 김시현의 행방을 집중 추궁했다. 황옥은 그를 보호하기 위해 엉뚱한 곳을 은신처로 털어놓아 경찰의 수사에 혼선을 줬다.

김시현은 경찰의 검거 작전이 진행되는 동안 동대문 밖 영도사 어구에 있는 모 군수의 아들인 오 모 씨의 집에 숨어 지냈다. 오모 씨는 독립운동과는 별 관련 없는 한량에 가까운 인물이었기에 경찰의 추적이 미치지 못했다.

김시현은 그의 집에 머물며 중국으로 탈출하기를 노렸지만 경찰의 경비가 워낙 삼엄해 좀처럼 경성을 빠져나갈 기회를 잡지 못했다. 그러던 중 경찰에게 붙잡힌 자신의 동지들 중 하나가 밀고해 은신처가 드러났고, 3월 30일 청량리 전차길 앞에서 검거됐다

당시 신문은 체포 정황과 밀고자에 대해 다음과 같이 보도했다.

> "이와 같이 모든 피고가 잡히되 오즉 이 사건의 수령되는 김시현만 체포치 못하였더니 삼월 말일 경에 김시현이가 동대문 밖 영도사 들어가는 어구 경기도 모 군수의 아들 오모씨의 집에 갔다오는 길에 전차길에서 동행하던 오모 외 일 명과 함께 별안간 형사의 포위를 당하여 잡히니 밀고자는 일찍이 김시현의 친구로 금번 사건의 관련으로 검거되었다가 방면된 사람 모의 밀고로 잡혔다더라."
>
> 〈동아일보〉 1923년 4월 13일, '밀고자는 하인何人, 김시현의 잡힌 사정'

김시현의 체포로 의열단의 2차 암살폭탄 투쟁에 가담한 단원 열여덟 명이 모두 체포됐지만 이 사건의 파장은 엄청났다.

scene 30 1923

믿을 수 없는
실패

뜨거운 피를 가진 청년단원들과 비밀리에 제조한 고성능 폭탄을 경성으로 반입시켜 본격적인 싸움을 벌이려던 약산 김원봉은 조국에서 들려오는 동지들의 체포 소식에 땅을 치지 않을 수 없었다. 수년간 조직의 모든 힘을 쏟아 추진하던 거사 계획이 실행 직전에 무산되자 모든 의열단원은 큰 충격을 받았다.

당시 국내신문은 경찰에 체포된 의열단원의 뒷이야기를 이렇게 전했다.

"귀신을 울릴 만한 이 계획이 실행하기 전에 발각된 데 대하야 관계자 일동은 가슴을 치고 통분히 넉이는 중 이 사건에 관련되여 동지의 말을 모다 자백하고 나온 후에 아모리 고초에 못익이여 불기는 하엿스나 동지를 대하기가 면목이 없다하고 자거 목을 매여 죽은 청년이 잇스니 그는 청주 출생의 청년 리중각李重珏 군이요. 작년 십이월에 부호 백윤화의 집에 드러가 금전을 강청하든 류석현은 경찰의 그물을 버서나서 텬진으로 간 후 몃칠이 못되야 다시 죽임을 무릅쓰고 드러왓스며 안동현에 폭탄을 가지고 경성에 드러온 리오길은 원래 일본 사람 집에 심부름꾼 노릇하는 사람으로 이번 일에 생명을 내놋코 나선 사람이며 이외에 총독부 경부가 독립당의 동정자가 되고 사회유지가 밀고자가 되어 격렬히 싸혼 사건이니 실로 리면에는 여러 가지 긔괴한 것이 잇스나 자유가 업서 모다 보도치 못하노라"

〈동아일보〉 1923년 4월 13일, '의협담대기괴義俠膽大奇怪, 의열단사건 중 형형색색의 이야기'

경성으로 폭탄을 반입하는 데까지 거의 완벽해보이던 작전이 왜 막판에 갑자기 맥없이 무너진 것일까?

이번 거사는 의열단과 고려공산당과의 합작품이었다. 폭탄 제조와 운반, 실행 등의 거사 전반을 주도한 것은 의열단이었지만 세부적인 추진 과정에는 고려공산당 당원들이 적지 않게 가담했다. 마자르가 막대한 자금을 써가며 다량의 폭탄을 만들 수 있었던 것도 고려공산당의 경제적 도움이 있었기에 가능했다.

당시 일본 경찰의 조사에 따르면 의열단장 김원봉과 고려공산

의열단원

義烈團의 正體如何

目的을 達한 事도 非但二一

團長 金元鳳은

조직된지는이제로오개년
모든일을비밀에서비밀에

당 간부 장건상이 공동으로 거사를 계획했고, 고려공산당과 의열단 두 조직에 모두 몸담고 있는 김시현이 국내에서 현장 지휘를 맡았다. 폭탄을 중국에서 조선으로 반입하는 데 큰 도움을 준 황옥과 홍종우, 백영무 등은 모두 고려공산당 당원이었다.

반면 유석현과 이현준, 남영득 등은 의열단원이었다. 이들은 김원봉과 김시현, 황옥 등의 비밀접촉과 폭탄 반입을 도왔을 뿐 아니라 관공서 파괴와 암살 작전을 직접 실행에 옮길 전사들이었다. 이들은 고려공산당과 손을 잡기는 했지만 의열단의 사상적 기반인 신채호의 '조선혁명선언'에서도 잘 드러나 있듯이 이념적으로 열혈 민족주의자였다.

이념과 지향점이 다르더라도 중국에서 경성으로 폭탄을 반입하는 과정까지는 두 단체의 손발이 그런대로 잘 맞았다. 국내 사정에 밝을 뿐 아니라 일정한 사회적 지위까지 갖춘 홍종우와 백영무, 조동근 등 고려공산당 당원들의 적극적인 도움이 있었기에 경찰의 감시망을 뚫고 다량의 폭탄을 국내로 반입할 수 있었다.

하지만 두 조직이 국내에서 함께 움직이면서 예상치 못한 보안상 허점이 노출됐다. 의열단은 원래 경찰과 밀정의 감시를 피하기 위해 놀라울 정도로 보안에 철저한 조직이었다. 일본 경찰과 헌병이 김원봉을 체포하고 의열단 조직을 와해시키기 위해 온갖 방법을 동원했지만 번번이 허탕을 쳤던 이유도 의열단의 보안능력 때문이었다. 그러나 이번 작전에는 고려공산당 당원들의 대대적으로 가담하면서 상황이 달라졌다. 고려공산당 당원은 의열단원과 달리 비밀작전에 대한 훈련을 받아본 경험이 전혀 없었다. 자신들의 사회적 지위와 해박한 지식을 이용해 작전을 도울 수는 있었지만 결정적인 순간에 아마추어리즘을 드러낼 수밖에 없었다.

예를 들어 조동근은 김시현의 부탁을 받아 자기 집에 폭탄을 보관키로 했지만 발각될 것이 두려워 이번 작전과는 별 관계가 없는 3자인 홍우룡에게 폭탄을 맡기는 우를 범했다. 결국 홍우룡의 신고로 신의주 경찰의 수사가 시작됐다.

허점은 의열단 내부에도 있었다. 특히 중국에서 비밀 훈련을 받은 경험이 없는 상태에서 이번 거사를 위해 국내에서 충원된 의열단원들이 문제였다. 황옥이 경성에서 폭탄을 맡겼던 조황이 대표적이다. 조황 역시 경찰에 발각될 것이 두려워 평소에 알고 지내던 '김두형'에게 폭탄 보관을 의뢰했다. 경찰의 끄나풀이던 김두형은 즉각 경기도 경찰부에 이 사실을 알렸고, 경찰은 황옥과 조황을 연이어 체포했다. 국내 작전의 총책임자인 김시현이 체포된 것도 내부의 밀고 때문이었다.

즉 김원봉이 이태준에게 마자르를 소개받아 신형 고성능 폭탄을 만들고, 고려공산당과 손잡고 일본 경찰인 황옥 경부의 힘을 빌려 경성으로 폭탄을 반입하는 과정까지 작전은 순조로웠다. 그러나 막판의 방심과 미숙함 때문에 항일 독립운동 사상 최대의 폭탄투쟁이 거사 직전에 물거품이 되어 버린 것이다.

하지만 이 사건은 비록 실패했지만, 의열단의 이름을 또 한 번 조선 천지에 뚜렷하게 각인시키는 계기가 됐다.

"조선 안에 있는 모든 관청을 폭탄으로 깨트리고 조선 안 관공리를 암살하며 뒤로 아라사의 무서운 힘을 업고 압흐로는 독립을 열망하는 청년을 압세인 의열단 사건의 일부가 조선 안에서 계획을 실행하려다가 미리 발각된 일은 작일 본지 호의로 전부 보도한 바이어니와 금년 일월 이래 경성 텬디를 진종하는 김상옥 사건을 위시하야 이번에 무서운 사건, 상해부두에서 일본군벌의 거두 뎐중田中大將을 죽이려든 김익상金益相 사건 등은 모다 북경과 텬진天津에 근거를 둔 의열단원의 한 일이니……"

〈동아일보〉 1923년 4월 13일, '의열단의 정체 여하(如何)'

scene 한장면 1923

불멸의기억으로
남아

황옥과 김시현의 폭탄거사가 사전에
발각된 사건이 언론을 통해 대중에게 알려진 것은 3월 15일이었
다. 묘하게도 그간 총독부가 보도통제를 한 김상옥 사건을 상세
하게 보도할 수 있게 된 날이었다. 〈동아일보〉와 〈조선일보〉는 물
론이고 친일신문인 〈매일신보〉 등도 이날 호외까지 발행해가면서
김상옥 사건을 대대적으로 게재했다.

이날 조선인 독자들은 김상옥의 투쟁과 죽음에 울분을 느끼면
서 동시에 지면 한 켠에 실린 또 다른 사건에 눈을 뗄 수 없었다.

김상옥의 장렬한 죽음의 여운이 채 가시지 않은 가운데 이 사건
도 이후 후속 보도를 통해 차츰 전모를 드러내기 시작했다. 경성
시민은 비록 실패에 끝나기는 했지만 그 스케일과 담대함에 김상

옥 사건만큼이나 강렬한 충격을 받았다.

경찰은 의열단과 고려공산당 등과 관계한 인물들을 닥치는 대로 연행해 배후를 캐는 데 혈안이 됐다. 이 과정에서 대부분의 연행자들이 끔찍한 고문을 당했다. 특히 고려공산당 당원인 이중각은 종로경찰서에서 연행돼 심한 고문을 받다가 스스로 목숨을 끊었다.

일제강점기 신여성으로 유명한 화가 나혜석과 그의 남편 김우영도 이 사건에 연루됐다. 사건 당시 만주 안동 현 부상사로 근무하고 있던 김우영은 부인 나혜석과 함께 황옥과 김시현 등과 접촉해 폭탄 반입을 도운 정황이 경찰 조사에서 포착된 것이다.

경성제대 출신의 변호사인 김우영을 평소 마루야마 총독부 경무국장과 친분이 두터웠다. 김우영 부부는 마루야마 경무국장이 부부의 연루 사실을 눈감아준 덕분에 큰 화를 면할 수 있었다. 황옥과 김시현 등 관련자들이 재판받고 있을 때 김우영과 나혜석은 총독부의 권유로 파리여행을 떠났다.

김우영은 훗날 자신의 회고록에서 이렇게 회고했다.

"그때 국경을 오고감에 있어 우리 독립운동자에게는 여간만 불편한 것이 아니었다. 나는 직접 간접으로 이런 동포들에게 커다란 편린을 마련해주었다. 그리고 우리집에는 이런 과객이 늘 있었다. 나는 그들의 이름을 낱낱이 외울 수는 없으나 …… 황옥이라든지 김시현이라든지 이름 있는 분들은 그래도 잘 기억하였다. …… 영사관에 붙어 있는 경찰서장이 말하기를 마루야마 경찰국장이 '이 문제에 대하여 당신을 위하여 매우 걱정한다'고까지 전하여 왔다. …… 나는 황씨를 안 것이 경부로서 일 때문에 북경을 드나들면서 나를 찾아온 데 지나지 않는다고 말하였으며 …… 그 후에 들으니 검찰 당국이 나를 붙잡아 다 같은 범인으로 조사하자는 것을 마루야마 씨가 잘 그렇지 않은 변명을 하여 아무 탈 없이 되었다고 한다."

김우영의 《회고》, 79~81쪽

이 사건은 당시 상황에선 많은 의문점을 갖고 있었다. 특히 고등계 형사인 황옥이 의열단 사건에 가담했다는 사실을 어떻게 볼 것인지를 놓고 독립운동계 내부에서도 의견이 분분했다. 그도 그럴 것이 황옥은 검찰 조사와 재판 과정에서 범행을 철저하게 부인했다. 그는 재판장에서 눈물까지 흘려가며 자신은 의열단을 일망타진하려고 일부러 김원봉 등에게 접근해 폭탄 반입을 돕는 척 했을 뿐이라고 주장했다.

"이번 사건을 교묘히 운용하여 대대적으로 검거를 행하는 동시에 자기의 수완을 보이면 책망하는 부장이나 과장이나 또는 경무국장까지도 자기를 칭찬하고 따라서 경시까지라도 승급을 시켜주리라고 굳게 결심하고 모든 사실을 말하지 아니한 후 안동현에 있는 폭탄이 경성으로 들어오기만 기다렸더니 …… 마침내 오늘과 같이 의열단을 이용하려던 자기가 의열단의 공범자라는 말을 듣게 됐다."

<동아일보> 1923년 8월 13일, '사면초가 중에 황옥 읍소'

이런 황옥의 비굴한 태도에 동지들은 분노했다. 김시현과 유석현, 남영득, 이현준 등은 최후진술을 통해 황옥에게 속았다며 원통함을 감추지 못했다.

황옥이 이번 사건에 가담하게 된 것은 물론이고 일찍이 김시현 등과 친분을 맺고 고려공산당에 가담한 것까지 모두 계획적인 행동으로 의심받게 됐다. 고려공산당의 국내외 동태를 캐내기 위해 황옥이 경찰 상층부의 지시로 일부러 당원으로 가입해 활동을 도우는 척하면서 실제로는 밀정 노릇을 했다는 것이다.

하지만 김원봉은 훗날 이 사건과 관련, 황옥이 자신과 한 약속을 지키기 위해 끝까지 범행을 부인했던 것이라고 증언했다. 김원봉은 황옥이 텐진에서 경성으로 출발할 때 "우리의 혁명운동은 한 번으로 끝나는 것이 아니오. 혹시 이번의 우리 계획이 불행히 패를 보는 일이 있다 하더라도, 황 공은 결코 우리가 이번에 취한 수단 방법에 관하여는 일체, 발설을 마오. 한 번 드러나고 보면 같은 방책을 두 번 쓸 수는 없는 일 아니겠소?"라고 당부했다.

만약 황옥이 독립투사로서 기개를 보여주며 거사 가담을 시인하면 일제는 반드시 끝까지 추궁할 것이고, 그러면 이번 계획과 관련된 모든 비밀이 드러나면서 피해가 엄청나게 커질 게 불 보듯 뻔했다. 그래서 황옥은 '친일 주구', '밀정' 또는 '변절자'니 하면서 온 세상이 자기를 조롱하고 비웃더라도 자기 하나 수모를 감수하면 조직이 안전할 수 있다는 생각으로 재판정에서 그렇게 행동했다는 것이다.

실제로 황옥은 재판에서 범행을 끝까지 부인했지만 유죄 판결을 받았다. 황옥과 김시현은 징역 10년, 유석현과 남영득은 징역 8년, 유시태는 징역 7년, 유병하와 홍종우는 징역 6년, 이현준과 백영무, 조황은 징역 5년, 조동근은 징역 1년 6개월, 이경희는 징역 1년 등을 각각 선고받았다. 의열단을 깨부수기 위해 일부러 투쟁에 가담했다는 그의 진술을 재판부나 검찰이 받아들이지 않은 것이다.

황옥의 이후 행적도 그를 일제의 앞잡이로 보기에는 석연치 않은 구석이 많다. 그는 복역 중 장결핵과 폐렴을 앓게 돼 형집행정지로 1925년 12월 가출옥했다가 1928년에 재수감됐다. 이후 병세가 악화되면서 1929년 2월에 가출옥한 후로 병상에서만 지냈다.

1926년 2월 《개벽》 제66호는 황옥의 어려운 투병 생활을 이렇게 눈물겹도록 상세히 전하고 있다.

"운명부지일소의 황옥군 세상이 다 아는 바와 같이 황군은 경기도 경부로 재직 중임에도 불구하고 김시현 등과 연락하야 대파괴를 음모하다가 사불여의事不如意하여 김시현(공범 12인)과 같이 제령위반과 폭발물취체규칙위반으로 10년의 역을 당하고(大正12년 3월 19일 留置 同年 8월 판결) 이래 2, 3년간 서대문형무소에서 복역하다가 행인지 불행인지 작년 봄부터 신경쇠약과 위장병이 생겨서 근 1년이나 옥중에서 신음하다가 지난 12월 16일에 집행정지가 되야 출옥하여 지금 계동 15의 17번지에서 치료하고 있다.

1월 6일이였다. 오전 10시쯤 하여 역시 차형과 같이 계동 막바지 15의 17번지를 찾아가 중문에 들어서며 내의來意를 통하니 12, 3세의 묘소년이 나와 맞아 준다. 부엌에서는 설거지를 하는지 아직도 덜거덕거리고 마루에는 아침 햇빛이 환하게 비쳐 있다. 소년의 인도로 안방 황군의 처소로 들어가니 탕약 냄새가 코를 찌른다. 아랫목 욕위에 앉았던 황군은 광장廣長한 얼굴에 미소를 띄우면서 '바쁘신데 이처럼 찾아 주시니 고맙소이다'하며 반가이 답례를 한다. 아랫목 구석에는 작은 책장이 있고 방 중간에는 화로에 약관藥罐이 놓여 있고 윗목에는 의장衣藏이 놓여 있는데, 8, 9세 또는 5, 6세의 소녀 2인이 우리 곁에 가지런히 앉아 준다. '역중에 겸하여 병고까지 당하시니 얼마나 괴롭습니까'하고 위문의 말을 하니 그는 빙그레 웃으면서 '인생이란 어디 있던지 고생이지요'하며 인간의 무상을 저주詛呪하는 빛이 보인다. 병의 발생 병의 경과를 물으니 '작년 봄부터 신경쇠약에다가 위장병이 겹쳐서 이래 옥중에서 치료하다가 그것이 만성이 되어 마침내 집행정지로 나왔습니다. 병만 나으면 다시 입감될 터이니까 아직도 지옥의 인연을 끊지 못하였습니다. 본래 10년形에서 2년 반쯤하고 2년 반쯤 감형되고 이제 餘期 5개년 3개월쯤 됩니다. 운명이란 임의 정한 수數가 있으니까 비관은 아니합니다'하며 한번 웃고 만다.

가족을 물으니 妻 김씨 외에 장자 일영(15군 팔진옥에 취직)과 차자 인웅(13) 군과 (제동공보) 장녀 인자(9) 양과 차녀 인원(6) 양을 합쳐 4남매를 두었다 한다. 어린이들이 어떻게 예쁘고 귀여운지 누가 보든지 손목을 아니 잡아 보지는 못하겠다. 그동안 생활의 경과를 물으니 자기는 출옥 후 아직 물어보지도 않았는데 '여러 친구의 동정으로 아직 살았겠지오'하며 사회에 대한 미안을 말한다(실상은 김 부인의 노력으로 지금까지 걱정 없이 유지해 왔다. 남편이 감옥에 간 뒤 어린 4남매를 더리고 이래 2, 3年 풍상에 여간히 고생이 아니었다. 혹은 조직 혹은 빨래 혹은 바느질 품팔이 별별 일을 다 해가며 어린 자녀를 기르고 가르치고 하였다. 모범부인이라면 김 씨 이상 모범부인이 또 없으리라고 세평이 자자하다). 너무 오래 앉았음이 미안하여 속히 회복되기를 빌면서 일어섰다. 아버지 대신 세분 소년소녀가 대문 밖까지 나와 '안녕히 가십시오'하고 정다운 인사를 준다."

《개벽》 제 66호, '새해에 병우들은 어떠하신가'

사건의 또 다른 주모자로 징역 10년형을 받은 김시현도 힘든 옥중생활을 했다. 김시현은 폭탄 거사가 실패한 것에 누구보다 큰 책임감을 느끼고 있었다. 그는 투옥 직후 서대문형무소에서 단식투쟁을 전개했다. 너무도 원통하고 분해서 더 이상 생명을 이어가고 싶지 않다는 비장한 각오였다. 형무소 측이 단식을 중단하지 않으면 강제로 자양주사를 놓겠다고 협박했지만 김시현은 꿈쩍도 하지 않고 곡기를 끊었다.

결국 보다 못한 그의 부친이 직접 서대문형무소로 찾아와 울며불며 뼈만 남은 김시현을 설득했다. 부친은 "네가 절식을 계속할 것 같으면 나는 오늘 밤 집에 가서 가슴에 칼을 꽂고 단연히 자살을 하겠다"고 눈물로 호소했다. 김시현은 그런 부친을 차마 죽게 할 수 없어 단식을 풀었다.

일제총독부는 김상옥 사건에 이어 두 달도 못 돼 또다시 의열단의 대규모 폭탄투쟁이 국내에서 벌어질 뻔했다는 사실에 경악하지 않을 수 없었다. 사건의 대담성이나 규모 면에서 이전에 국내에서 벌어진 독립투쟁과는 비교할 수 없는 수준이었다.

운좋게 사전에 적발해 화를 면하기는 했지만 치안조직이 의열단 투쟁에 제대로 효과적으로 대응하지 못했다는 비판이 제기됐다. 특히 조직 내부에 의열단과 내통한 자가 있었다는 것은 고위 간부들의 인책설로 이어졌다.

"이번 의열단을 검거할 때에 의외에 경기도 경찰부에서 더욱이 직접 그 사건을 담당하여 가지고 취급하던 황옥 경부가 그 사건에 참여한

사실이 발각돼 당국은 크게 놀래었는데 이에 대하여 환산丸山 경무
국장과 마야 경기도 경찰부장은 직접으로 관계감독관이 되는 척임
상 환산 국장과 마야 부장은 그 당시 고등경찰과장인 산구안현山口
安懸 씨와 함께 재등 총독에게 정식으로 사직의사를 표시하였다는데
그 사건의 판결이 있는 때까지는 그 문제는 밀어가게 되리라더라."

〈동아일보〉 1923년 4월 17일. '경무국장 인책설'

 하지만 일제는 치안책임자들을 문책해 사기를 죽이기보다는 오
히려 당근책을 택했다. 고등경찰 활동을 대폭 강화하기 위해 당시
로서는 거액인 추가예산 30만 원을 긴급 편성했다. 이를 통해 고등
계 형사들을 대폭 늘리고 밀정 활동을 크게 강화에 의열단 등 독립
운동 조직에 대한 감시를 더욱 강화했다. 이들은 때로는 돈으로 독
립운동 인사를 매수하거나 체포한 독립운동가가 내부정보를 제공
하면 풀어주는 등의 교활한 수법으로 탄압의 고삐를 더욱 죄었다.

 김원봉과 의열단은 일제의 집요한 추격이 계속되자 1923년 하
반기부터 조직 운영방식 등을 대폭 정비해 밀정이나 변절자에 대해
더욱 단호하게 대응해 나간다. 이 때문에 베이징과 톈진. 만주 등지
에서 일제 고등경찰과 의열단의 쫓고 쫓기는 첩보전이 계속됐다.

 1923년 경성에서 기획된 의열단의 2대 투쟁은 물리적으로는 실
패했을지 모르나 국내외 수많은 독립운동가와 조선 민중의 뇌리
속에는 불굴의 항일정신을 심어준 역사적 사건으로 남았다.

의열단원, 그 후

조국을 위해 청춘을 바쳐 싸웠던 의열단 투사들은 해방 정국의 아노미적 혼란과 좌우이념 대립, 친일파의 득세를 지켜보며 뼈아픈 좌절과 고초를 겪었다. 그럴 뿐 아니라 지금까지도 제대로 된 평가를 받지 못하고 있다.

약산 김원봉은 임시정부 국무위원으로 일하다가 광복을 맞았다. 그는 귀국 초기 임정 특별정치위원회 중앙위원으로 일했지만, 한민당과 우익 계열 등의 독단적인 행보와 임정 내 파벌싸움에 실망을 느끼고 좌익 계열의 '민주주의민족전선'에 참여했다. 그리고 1947년 3월 남로당이 추동한 총파업에 관여했다는 혐의로 체포됐다.

어처구니없게도 당시 그를 체포한 자는 악명 높았던 친일고등경찰 출신 노덕술이었다. 노덕술은 종로경찰서에서 일하면서 수많은 독립투사들을 붙잡아 모진 고문을 가한 자였다. 김원봉이 의열단을 창설하면서 만든 '칠가살七可殺' 명부에도 그 이름이 올라 있을 정도였다. 그런 노덕술이 항일운동의 신화적 인물인 김원봉을 붙잡아 취조한다는 사실이 알려지자 '독립투사에 대한 모독'이라는 비난 여론이 들끓었다.

결국 미군정은 여론을 의식해 그를 석방했다. 비록 몸은 풀려났지만 이 사건으로 김원봉은 큰 충격을 받았다. 평생 조국독립을 위해 싸운 자신이 해방 조국에서 친일 주구에게 고초를 받아야 한다는 현실에 절망했다. 의열단 동지인 유석현은 자신의 회고록에서 당시 상황을 이렇게 전했다.

"김원봉은 붙잡혀 갈 당시 화장실에 있었는데, 일제 경시 출신 노덕술이 그대로 수갑을 채워 장택상 앞으로 끌고 갔다. 이어 장택상과 노덕술에게 수모를 당하고서는 사흘을 꼬박 울었다 한다. 그는 울면서 '여기서는 왜놈 등쌀에 언제 죽을지 몰라'라고 했다."

친일파 득세에 환멸을 느낀 김원봉은 1948년 남한 단독정부 수립에 반대하며 평양에서 열린 남북협상회의에 참가했다가 월남하지 않고 그곳에서 북한정부 수립에 참여했다. 처음에는 국가 검열상을 거쳐 1954년 노동상, 1957년 최고인민회의 상임위원회 부위원장을 맡아 자리를 잡는 듯 보였다.

하지만 진보적 민족주의자인 그는 김일성 세력의 형태를 그대로 보고 있을 수 없었다. 민족상잔의 비극을 초래한 북한의 6·25 남침에 반대했고, 스위스 같은 중립국 평화통일을 주장하면서 김일성의 눈 밖에 났다. 결국 김원봉은 '장개석 중국국민당의 스파이'라는 어이없는 죄명으로 1958년 숙청되었고, 묘소 하나 남아 있지 않을 정도로 철저히 북한 역사에서 말살됐다.

김시현의 해방 후 삶도 파란만장했다. 경성 폭탄 반입사건으로 7년 남짓 옥살이를 하고 풀려난 그는 이후에도 독립운동 때문에 수차례 투옥됐다. 그가 광복 소식을 접한 것도 경성헌병대 감옥이었다. 그는 광복 후 처음에는 본격적인 정치활동과는 거리를 둔 채 해외 귀환동포 구원사업을 위한 '고려동지회'를 조직, 회장으로 활동했다. 이후 민족자주연맹과 좌우합작위원회에 가입해 각각 중앙위원과 확대추가위원으로 일하다가, 1950년 2대 국회의원(민의원)에 당선되면서 순탄한 삶을 사는 듯했다.

하지만 백범 김구 암살사건은 노투사의 피를 거꾸로 솟구치게 만들었다. 그는 주변 지인들에게 "이것은 분명히 이승만의 짓이다. 함께 고생하며 독립운동을 한 처지에 정적이라고 죽이다니 그냥 놔두지 않겠다"며 '이승만 응징'을 선언했다. 김시현은 그때 이미 나이 일흔을 바라보고 있었지만 불의를 보면 참지 못하는 성정만큼은 젊은 시절 그대로였다.

1952년 6월 25일 김시현은 의열단 후배 유시태와 함께 임시수도 부산에서 열린 '6·25 2주년 기념 및 북진촉구 시민대회'에 참석, 연단에 있던 이승만 대통령을 암살하려다가 실패해 채포됐다. 당시 이승만 대통령은 김시현 일행의 권총이 불발되는 바람에 겨우 죽음을 면했다.

김시현은 이 사건으로 사형선고를 받았다가 나중에 무기형으로 감형돼 복역하던 중 4·19혁명으로 풀려났다. 이후에도 그는 친일파로 구성된 장면 정부의 국무위원회에 들어가 폭탄을 터뜨리겠다는 계획을 세웠지만 실행에 옮기지는 못한 채 1966년 파란만장한 삶을 마감했다. 그는 이승만 암살미수 사건 때문에 지금도 독립유공자로 인정받지 못하고 있다.

의열단을 보호하기 위해 비열한 배신자를 자처하던 황옥은 내내 감옥에서 얻은 병마와 싸우며 숨죽인 채 살다가 해방을 맞았다. 황옥은 1949년 5월 20일 김태석에 대한 반민특위 재판에서 증인으로 참석한 기록이 남아 있다. 김태석은 1919년 사이토 마코토 조선총독에게 폭탄을 투척한 강우규 의사를 체포하는 등 독립운동 탄압에 앞장섰던 친일경찰이었다. 또한 한민당이 발전적으로 해체돼 1949년 민주국민당으로 개편될 때 상무집행위원 40명 중 한 명으로 참여한 사실이 〈동아일보〉 1949년 10월 22일 자에 기록돼 있다. 하지만 6·25전쟁 이후 황옥의 행적은 신문이나 문헌 어디에서도 찾아보기 어렵다.

이미 1923년 산화한 김상옥 의사는 이런 수모를 당하지는 않았지만 정당한 평가와 대접을 받지 못하기는 마찬가지다. 서울시와

해방 이후에 모인 김상옥의 동지들

　문화재청이 종로경찰서 폭탄투척 의거를 기념하겠다고 표석을 세운 것까지는 좋았으나 고증을 제대로 하지 않아 전혀 엉뚱한 장소를 짚고 말았다.

　서울시가 표석을 세운 곳은 종로2가 SC제일은행 본점 옆 화단이었다. 그러나 1923년 종로경찰서는 지금의 서울 YMCA와 밀레니엄타워 사이에 있는 장안빌딩 자리에 있었다. 정부는 김 의사의 후손들과 기념사업회 측이 줄기차게 문제를 제기했지만 묵살하다가 언론보도가 나오고서야 2008년에 슬그머니 표석을 옮겼다. 독립운동 유공자와 그 후손에 대한 정부 정책이 얼마나 주먹구구식인지를 보여주는 사례다.

의열투사들의 고난스런 해방 후 삶보다 더욱 안타까운 것은 우리의 망각이다. 이 책을 집어든 독자 가운데는 거의 처음으로 김상옥과 황옥, 김시현, 김원봉의 이름을 접하는 사람이 적지 않을 것이다.

과거사를 대하는 프랑스의 한 사례는 우리가 지금 해야 할 일이 무엇인지를 가르쳐 준다. 프랑스의 모든 고등학교에서는 2008년부터 해마다 10월이면 제2차 세계대전 당시 독일 나치에게 처형된 17세 레지스탕스 소년을 추모하는 행사가 열리고 있다. 사르코지 프랑스 대통령이 2007년 5월 대통령 취임식을 마친 후 곧바로 파리 외곽의 레지스탕스 추모장을 방문, 나치 독일과 싸우다 숨진 레지스탕스가 프랑스 청년의 귀감이 되도록 교육하라고 지시한 데 따른 것이다.

일제강점기의 쓰라린 경험을 안고 있는 우리는 역사의 과오를 반복하지 않기 위해서라도 조국독립을 위해 싸우다 쓰러져간 투사들의 삶을 조명하여 정당하게 평가하고 대우해주는 일을 게을리 해서는 안 된다. 이 책이 그런 우리의 노력에 조금이나 도움이 됐으면 좋겠다는 바람이다.

참고자료

단행본

김삼웅, 《약산 김원봉 평전》, 시대의 창, 2008

김삼웅 외, 《일제침략사 65장면》, 가람기획, 2005

김영범, 《한국 근대 민족운동과 의열단》, 창작과비평사, 1977

김영진, 《반민자대공판기反民者大公判記》, 한풍출판사:여강출판사, 1986

김우영, 《회고》, 신생공론사

김정명, 김장호 옮김, 《조선민족운동연감》, 국학자료원, 2003

김창수, "3·1운동 50주년 기념시리즈", 《신동아》 1969년 9월호

님 웨일즈, 김산 지음, 송영인 옮김, 《아리랑》, 동녘, 2005

노형석, 《한국근대사의 풍경》, 생각의 나무, 2006

독립운동사편찬위원회 편, 《독립운동사 자료집》 제11집, 독립유공자사업기금운용위원회, 1984

박태원, 《약산과 의열단》, 깊은샘, 2000

반병률, 《의사 이태준의 독립운동과 몽골》, 한울, 2000

송건호, 《송건호 전집 15-의열단과 민족해방노선》, 한길사, 2002

———, 《의열단》, 창작과 비평사, 1985

유자명, 《나의 회억》, 요녕출판사, 1984

윤우 엮음, 《서울 한복판 항일시가전의 용장 김상옥 의사》, 백산서당, 2003

이구열, 《우리 근대미술 뒷이야기》, 돌베개, 2005

이이화, 《한국사 이야기 20 : 우리의 힘으로 나라를 찾겠다》, 한길사, 2004

이현희, 《일제시대사의 연구》, 한국학술정보, 2003

———, 《한국근대사의 모색》, 한국학술정보, 2003

———, 《한국사총론》, 일신사, 1980

———, 《한국현대사의 이해》, 서문당, 1979

장규식, 《서울 공간으로 본 역사》, 혜안출판사, 2004

정재정 외, 《서울 근현대 역사기행》, 혜안출판사, 1998

조정래, 《조정래의 인물이야기, 신채호》, 문학동네, 2007

신문

〈동아일보〉1920년 8월 25일/8월 26일/8월 29일/1922년 7월 26일/12월 28일/
　　　　　1923년 1월 14일/1월 15일/1월 16일/1월 23일/3월 1일/3월 15일/
　　　　　3월 15일 호외/4월 12일/4월 13일/4월 14일/6월 1일/8월 8일/
　　　　　8월 9일/12월 20일/1924년 10월 9일/1929년 9월 15일/9월 22일

〈매일신보〉1915년 7월 22일/1919년 10월 12일

〈시대일보〉1924년 10월 9일

〈조선일보〉1923년 3월 15일/4월 13일

〈조선중앙일보〉1949년 7월 3일

〈중앙일보〉1983년 10월 17일

〈중외일보〉1929년 8월 4일

〈한겨레신문〉2006년 8월 18일

잡지 외

〈개벽〉제32호(1923.2.1) / 제66호(1926.2.1)

전택부, '월남 이상재 선생의 지도자상', 《진리의 벗이 되어》 제48호(2000.7), 성천
　　　문화재단

조선총독부 재판 판결문, 판결대정大正 12년 형공刑公 제467호

조선총독부경찰국, 《고등경찰관계연표高等警察關係年表》, 행정학회인쇄소

웹사이트

국사편찬위원회 한국사데이터베이스

나라사랑광장

만해기념관

한국학중앙연구원 한국역대인물종합정보시스템